고부관계의 심리학

박정희 저

학지사

생각해 보면 나는 참 부족한 며느리인 것 같다. 며느리라는 지위만 가졌지 지금까지 제대로 된 며느리 역할을 해 보지 못했기 때문이다. 아마 시어머니 쪽에서 먼저 많은 것을 배려해 주신 덕분이 아닌가 싶다. 나의 시어머니는 참 좋은 분이시다. 그래서 그런지 고부갈등이라는 말은 여전히 낯설기만 하다.

그런데 어떻게 며느리들의 시어머니에 대한 이야기를 책으로 쓸 수 있었을까? 나는 상담현장에서 가족문제를 다루면서 며느리들이 시어머니와의 관계에서 많이 힘들어하는 경우들을 보아 왔다. 예전에 비하면 그 빈도가 많이 줄어들긴 했지만, 여전히 가족상담에서 빠지지 않는 주제가 고부간의 갈등이다.

시어머니 때문에 매우 힘들어하는 한 내담자가 찾아와 남편을 사랑하긴 하지만 시어머니를 안 볼 수 있는 방법은 결국 이혼밖에 없다는 결론을 내리는 걸 보았다. 그가 감당하기에는 시어머니가 너무 버거운 상대였던 듯 싶다. 남편과의 갈등에는 사랑이라는 에너지가 있어 멀어졌다 다시 가까워질 수 있다. 그렇다면 과연 며느리와 시어머니는 평생 가까워질 수 없는 사이일까?

　　나름대로 그에 대한 해답을 찾으려고 고민하기 시작했고, 그 결과가 이렇게 『고부관계의 심리학』으로 나오게 되었다. 우선 Part 1에서는 우리 사회에서 '시어머니'라는 존재가 어떻게 형성되는지에 대한 며느리들의 이해에 초점을 맞추었다. 상대방에 대한 이해가 관계해법의 열쇠라고 보았기 때문이다. Part 2에서는 며느리들의 다양한 시어머니 이야기를 들어 보고자 하였다. 즉, 열두 개의 에피소드를 통해 시어머니와의 전형적인 갈등사례들을 그려 보고, 간단한 Tip을 제시해 실제생활에 응용할 수 있도록 구성해 보았다. 마지막으로 Part 3에서는 가족 내에서 며느리의 위상을 새롭게 창조해 내기 위한 몇 가지 전략들을 소개하였다. 이러한 것들이 며느리로서 한층 더 성장하는 데 도움이 되기를 바란다.

　　그러나 이 책이 새로운 고부관계 유형을 소개하지 못했다는 점에서는 아쉬움이 남는다. 실제로 많은 신세대 며느리들이 그들의 시어머니와 창조적인 관계를 맺어 가고 있다. 또한 이 책을 통해 시어머니의 모습이 너무 부정적으로 묘사된 것은 아닌가 하는 우려가 앞선다. 변화는 분명 노부모 세대에서도 비롯되었을 텐데 말이다.

　　그동안 며느리들을 위한 책은 찾아보기가 힘들다는 목소리가 들려 왔다. 이 책이 그에 대한 작은 대답이 되었기를 바란다. 학창시절 글을 써서 상 한 번 받아 본 적이 없는 내게 흔쾌히 출판을 허락해 주신 학지사 김진환 사장님과 이 책이 세상에 선보일 수 있도록 애써 주신 이세희 과장님 및 편집부 직원들께 감사드린다. 또한 가족에 대한 학문적 열정과 따뜻한 통찰을 가꿔 주신 유영주 교수님과 내 글의 첫 독자가 되어 소중한 느낌을 전해 주었던 김윤경 님, 그리고 마지막으로 불편을 감내하면서 글 쓰는 시간을 기꺼이 허락해 준 가족들에게도 감사의 인사를 전하고 싶다.

2008년 1월
박정희

▌차·례

Part 3   당당한 며느리로 거듭나기:
며느리로서의 정체성 확립

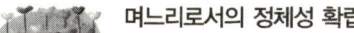

Part 1 며느리의 시어머니 이해하기:

시어머니에 대한 가족심리학적 이해

또 한 명의 어머니와 만나다
– '어머니' 라는 존재

어머니는 어떤 존재인가?

태어나기 이전부터 어머니는 이미 정해져 있다. 그 어머니가 예쁘든 안 예쁘든, 교양이 있든 없든, 모든 사람은 어머니를 선택할 수 없는 운명을 갖고 태어난다. 어느 누구도 애초부터 어머니에 대한 어떠한 이미지도 갖고 있지 않으며, 운명적으로 만난 자신의 첫(?) 어머니로부터 '어머니' 에 관한 최초의 이미지를 형성하게 된다. 어렸을 때부터 만들어지는 '어머니에 관한 이미지' 는 여성성femininity과 모성성motherhood 중요한 모티브가 된다.

태아에게 어머니는 완벽한 존재다. 태중에서 생명을 지켜 내는 어머니의 능력은 그 어떤 대자연의 섭리보다 숭고하고 오묘하다. 태아는 아늑한 어머니의 배 안에서 최고의 안락함을 느낄 것이며, 세상의 그 어떤 두려움과 고통도 결코 예견할 수 없을 것이다. 그렇기 때문에 태아가 모체로부터 분리되는 사건(?)은 아마 대개의 인간이 겪는 가장 고통스러운 첫 번째 경험일 것이다.

아이가 모체로부터 분리된 이후에도 어머니의 존재는 여전히 아이의 생존에 절대적이다. 어린아이의 주된 의사표현 방법은 단연코 울음이다. 어머니는 그 울음소리를 들으며 내 아이가 배가 고파서 우는지, 뭐가 불편해서 우는지, 어디가 아파서 우는지를 구별할 수 있는 기막힌 능력을 갖고 있다. 이러한 능력은 어린 자녀들의 욕구를 적절하게 충족시켜 줌으로써 아이의 생존을 가능하게 할 뿐만 아니라 인간과 사회에 대한 기본적인 신뢰감을 형성하게 한다.

자녀가 성장하는 과정에서 '어머니'의 존재는 마치 신과도 같다. 어머니는 자녀의 자랑스러운 모습, 도전하는 모습, 인내하고 성취하는 모습뿐만 아니라 형편없는 모습, 구차한 모습, 방탕하고 실패하는 그 어떤 모습까지도 따뜻한 가슴으로 품어 주기 때문이다. 세상의 모든 어머니들은 자녀가 인생이라고 하는 기나긴 경주에서 당당하게 성공할 수 있기만을 바란다. 그러나 실패하고 좌절하더라도 가장 비합리적인 방식으로 내 편이 되어 주는 사람은 역시 누가 뭐래도 내 어머니다.

이렇듯, 세상의 어느 누가 어머니만큼 나를 한없이 안아 줄 수 있을 것인가? 우리는 왜 아프고 힘들고 외로울 때마다 어머니를 애타게 그리워하는 것일까? 생존을 위협받는 위기의 상황에서 우리는 왜 어머니를 절절하게 부르짖는 것일까? 설혹 어머니가 이런저런 이유로 날 버리고 떠났어도, 그 어머니를 마음에서 지우지 못하고 평생을 찾아 헤매는 이유는 무엇일까? 자녀에 대한 어머니의 사랑은 맹목적이고 위대한 아가페의 사랑이기 때문은 아닐까?

고부관계의 심리학

어머니를 새롭게 바라보다

여성이라면 누구나 어렸을 때 어머니의 화장품도 발라 보고, 뾰족구두도 신어 보고, 예쁜 옷도 걸쳐 보던 기억을 쉽게 떠올릴 수 있을 것이다. 뿐만 아니라 여성들은 말과 습관, 행동, 태도, 가치관 등에서 상당 부분 어머니의 영향을 받으며 성장한다. 누구는 어머니의 일면에 대해 부정적으로 생각할 수도 있겠으나, 옛말에 욕하면서 닮는다고 했던가? 아쉽게도 사망이나 부모의 별거 등의 이유로 어머니의 삶으로부터 일찌감치 분리되지 않는 한, 그 어머니의 영향을 벗어나는 일은 그리 쉬운 일이 아니다.

대부분 여성들의 가장 일차적인 동일시 대상이 그들의 어머니임은 두말할 필요가 없다. 어머니의 삶은 여성들의 삶에 아주 중요한 거울이 된다. 즉, 나의 어머니 상像은 내 어머니와의 삶의 범위로부터 크게 벗어나지 않는다는 말이다. 심지어 어떤 이는 아들을 선보이는 자리에 어머니 자신도 함께 선보여야 한다고 주장하기까지 한다. 그러나 어머니의 삶을 돌이켜 보면서 여성들은 어머니에 대한 애정뿐 아니라 때로는 연민이나 증오를 키우기도 한다. 무슨 이유로 그런 것일까?

살다 보면, 어머니라는 존재가 자신의 삶에 비추어 더 이상 완벽한 존재만은 아니라는 사실을 깨닫는 때가 있다. 사춘기를 겪으면서 어머니에 대한 괜한 반발심에 그럴 수도 있고, 좀 더 나이가 들어 심리적으로나 정서적으로 독립하면서 그럴 수도 있다. 혹자는 결혼을 하고 아이를 낳는 직접적인 경험을 통해 점점 어머니의 존재를 객

관화시킬지도 모른다. 우리는 늘 어머니로부터 완벽한 모습을 기대하고 요구해 왔다. 그러나 어머니는 신이 아닌 그저 평범한 한 인간일 뿐이고, 따라서 무수한 역할갈등과 시행착오의 과정을 겪어야만 하는 불완전한 존재다. 그것을 깨닫는 순간, 어머니에 대한 환상이 깨지면서 어머니를 연민하거나 증오하기도 한다.

여기서 한 가지 우리가 명심해야 할 것은 어머니의 역할을 '시간이 흐르면서 끊임없이 발달해 가는 하나의 긴 과정'으로 바라봐야만 한다는 것이다. 또한 어머니의 삶은 어머니이기 이전에 한 '인간'으로서의 삶으로 존중받아야 하고, 따라서 어머니에게 언제까지나 자녀들을 위해 희생하라고 강요할 수는 없다는 점이다. 어머니가 자녀들에게 한없이 너그러웠듯, 이제는 우리가 어머니에 대해 조금 더 너그러워질 필요가 있다. 그리고 그러한 너그러움은 내 어머니의 삶을 통해 내가 해야 할 어머니 역할을 되돌아보게 하는 데 도움을 줄 수 있다.

어머니 역시 어머니가 되기 이전에 어머니의 어머니인 할머니로부터 미처 채우지 못한 것들이 있을 수 있다. 그것이 때로는 원망이나 한이 되기도 하고, 아주 심한 경우는 모녀관계의 단절까지도 초래할 수 있다. 이들은 자신이 어머니가 된 이후에도 그 채워지지 않은 것들을 계속적으로 추구함으로써 자녀들에게 충분한 어머니가 되어 주지 못하기도 한다. 누구나 좋은 어머니가 되기를 갈망한다. 그러나 그렇지 못하였거나 그럴 수 없었던 어떤 삶의 경험들은 종종 좋은 어머니가 되는 것을 방해한다. 이는 어머니와 딸 모두의 삶에서 불행한 일이다.

또 한 명의 어머니와 만나다

이제, 우리는 결혼을 하면서 평생을 통해 또 다른 한 명의 어머니와 만나게 된다. 배우자의 어머니, 즉 며느리 입장에서 보면 시어머니가 될 것이다. 물론 이러한 만남은 내가 결혼을 하고 시어머니가 살아 계셔야만 가능한 일이다. 만일 결혼과 이혼이 몇 번에 걸쳐 반복된다면 이러한 만남의 기회는 더 많아질 수도 있다. 어쨌거나 결혼을 매개로 해서 여성들은 또 다른 어머니와 만나게 되는데, 이러한 만남은 나를 한층 더 성장시키기도 하지만 뜻밖의 위기를 가져올 수도 있다.

배우자를 선택함에 따라 만나게 되는 나의 또 다른 어머니(시어머니)는 내가 성장하면서 경험한 나의 첫 번째 어머니(친정엄마)와 비교해 여러 가지 면에서 서로 다르다. 그들이 살아온 생활의 경험이 다르고, 삶에서의 가치가 다르고, 습관, 취향, 태도, 입맛 등에 이르기까지 서로 간에 크고 작은 차이들이 있을 수 있다. 남편과 살면서도 두고두고 많은 차이점을 발견하는데, 하물며 그의 어머니는 어떠하겠는가? 이런 맥락에서 볼 때 그 어머니는 내 어머니에게서 부족했던 것들을 보완해 줄 수도 있지만, 내 어머니에게서 찾아볼 수 없었던 어떤 새로운 부족함을 경험할 수도 있다.

그렇다면, 앞으로 남은 나의 여성으로서의 삶에 제2의 어머니는 어떤 영향을 미칠 것인가? 어느 날 시어머니와의 관계가 원만하지 못한 한 내담자가 상담실로 찾아와 다음과 같이 털어놓았다.

"나는 남편을 너무나 사랑해서 결혼했습니다. 그러나 그 대가는 너무 컸어요. 그의 가족들은 내 삶을 완전히 망가뜨려 놓았습니다. 나는 남편 한 사람만을 선택했을 뿐인데, 이렇게 열 가지가 따라올 줄은 정말 몰랐어요. 이제 나는 그 열 가지를 버리기 위해 중요한 결정을 내려해야만 합니다. 애석하게도, 나는 내가 사랑했던 그 사람과 헤어지지 않는 한 그 열 가지가 끊임없이 저를 괴롭힐 거라는 사실을 잘 알고 있습니다."

시어머니와의 관계는 최악의 경우 부부관계를 크게 위협할 수 있다. 이 시점에서 우리는 시어머니와의 만남을 내가 인생에서 처음 대했던 '어머니' 라는 존재와 연결 지어 생각해 볼 필요가 있다. 지금까지는 '어머니' 에 관한 데이터가 주로 내 인생의 첫 어머니로부터 비롯되었지만, 이제부터는 또 다른 어머니를 통해 새로운 데이터가 추가됨으로써 '어머니 역할' 을 새롭게 학습하는 것이다. 시어머니는 여성의 삶에 긍정적인 영향을 미칠 수도 있지만, 설혹 그렇지 못하더라도 절망할 필요는 없다. 시어머니가 어떤 사람이든 그로부터 무엇을 얻을 것인가는 여전히 나의 몫으로 남아 있기 때문이다.

이처럼 결혼한 여성은 시어머니를 통해 여성으로서의 삶, 어머니로서의 삶을 모델링하는 또 다른 대상을 갖는 것이며, 자신의 여성성과 모성성을 확장시키고 끊임없이 다듬어 나갈 수 있는 또 한 번의 기회를 갖는 것이다. 그런 의미에서 시어머니를 단지 '배우자(남편)의 어머니' 로 규정하거나 '고부관계' 하면 자동적으로 떠오르는 부정적인 생각에 휘말리지 말고, 나를 중심으로 첫 어머니(친정엄마)에서 또 한 명의 어머니(시어머니)까지로 연결 지어 보는 새로운 관계설정을 시도해 볼 만하다.

아들을 떠나 보내지 못하는 이유
—아들의 어머니

네가 있어서 내 삶은 풍성했다

우리가 지금 살고 있는 이 사회에서 남성과 여성이 똑같은 대접을 받고 있다고 생각하는가? 그동안 남녀가 평등할 수 없었던 가장 큰 원인을 경제력의 유무에 둔다면, 취업을 함으로써 경제력을 확보한 현대의 여성들은 남성들과 동등한 대접을 받아야 마땅할 것이다. 그러나 여성들이 남성들에 버금가는 막강한 경제력을 갖게 되었음에도 불구하고 가사노동이 여전히 여성들만의 몫으로 남겨져 있는 이유는 무엇인가? 가장으로서의 권위를 놓지 못하는 남성들의 의식 때문인가, 아니면 스스로 슈퍼우먼이 되어 버린 여성들의 고귀한 희생정신 때문인가?

성에 따른 차별대우는 출생의 순간부터 어렵지 않게 찾아볼 수 있다. 아들만 줄줄이 있는 집안에 딸이 태어났다거나 부모가 유난히 딸만 선호했다면 몰라도, 대부분의 경우 딸보다 아들의 출생을 훨씬 반기는 게 우리 사회의 현실이다. 첫 아이를 임신한 예비 어머니들은 아기가 아들이든 딸이든 상관없다고 말하다가도, 막상 출산하여 아들을 낳으면 시집에 의무를 다했다는 안도감과 남편과 같은 성을 가진 2세를 선물했다는 뿌듯함에 한숨을 돌린다. 요즘은 아들을 낳으면 배를 타고 딸을 낳으면 비행기를 탄다면서 미리 방패막이(?)를 하는 임산부들도 있다. 그러나 딸을 낳았을 때, "이제 남동생 하나 봐야지?"라고 하면서 아들 출산을 은근히 강요하는 사회 분위기는 여전하다. 예전처럼 아들을 낳지 못한다고 칠거지악이니 뭐니 해서 죄인처럼 취급하지는 않지만, 아직도 아들 출산을 은근히 부추기는 사회 분위기는 도대체 어디에 뿌리를 두고 있는 것일까?

장남한테 시집가서 첫째는 딸을 낳고 둘째는 아들을 얻은 어느 며느리의 이야기다. 둘째를 출산할 당시 친정엄마가 시어머니를 대신하여 딸의 출산을 도우러 병원에 와 계셨는데, 딸이 손자와 함께 병실로 들어서는 모습을 보고는 갑자기 눈물을 펑펑 쏟으셨다고 한다. 그때까지 이 며느리는 친정엄마가 그토록 손자를 원했는지 몰랐다고 했다. 때문에 친정엄마의 눈물이 몹시 당황스러울 수밖에 없었을 것이다.

딸의 몸 상태도 살피고, 건강하게 태어난 손자 구경(?)도 실컷 한 친정엄마가 이제는 좀 여유가 생겼는지 시골에 계신 시어머니께 전화를 걸어 다음과 같이 말씀하시더라고 하였다.

"아니, 지금 뭐하고 계세요? 미역국 한~~~솥 끓여 갖고 오시잖고?"

딸은 그날따라 유난히 친정엄마의 목소리에 당당함이 묻어 있다고 느꼈다. 사돈어른한테 늘 깍듯하게 대하던 친정엄마가 시어머니에게 그렇게까지 당당할 수 있었던 이유는 대체 무엇일까? 아마 친정엄마 마음속에는 딸이 시집가서 남의 집에 아들을 낳아 주어야만 며느리로서의 도리를 다하는 것이고, 또 그래야만 시댁에서도 며느리(딸)에 대한 대접이 소홀하지 않을 것이라는 애정 어린 심산이 숨어 있었을 것이다. 그러니 첫 손녀를 보고 난 친정엄마는 결혼한 딸이 둘째로 아들 낳기만을 얼마나 노심초사하며 기다렸겠는가?

아들을 낳고 나서 시부모님이 차를 바꿔 주셨다는 둥 상가건물을 지어 주셨다는 둥 이러저러한 이야기들을 듣는 때가 종종 있다. 경제적으로 여유가 있어야 가능한 일이겠지만, 어쨌거나 아들을 낳으면 이처럼 며느리에 대한 대접이 틀려지는 경우들이 꽤 있다. 한 집안의 대를 이어 줄 아들을 출산함으로써 며느리는 그제야 비로소 진정한 가문의 한 구성원으로 융숭한 대접을 받게 되는 것이다. 이러한 대접은 비단 전통사회뿐만 아니라 가부장제적 전통이 여전히 곳곳에 숨어 있는 오늘날에도 심심찮게 들려오는 이야기들이다. 그러니 아들의 존재만으로도 어머니의 삶이 어찌 풍성하지 않겠는가?

어떻게 키운 아들인데…….

전통사회에서 결혼하는 두 당사자는 처음부터 동등한 지위나 권력을 갖지 못한다. 부권夫權에 비하면 부권婦權은 비교도 할 수 없을 만큼 미미하다. 아니, 실제로 부권婦權이라는 게 정말 있었을까 하는 의심이 들 정도다. 그런데 여성의 권위가 부권夫權에 상응하는 정도로 급상승하는 결정적인 계기가 있다. 그것은 자녀의 출산, 그중에서도 특히 아들의 출산을 통해서다. 다시 말해 결혼한 여성은 '아들'의 존재를 통해 모권母權을 갖게 되며, 그때야 비로소 남편의 권위에 버금가는 어머니로서의 권력을 차지하는 것이다.

많은 가족학자들은 가부장제적 속성이 강한 사회일수록 고부 간의 갈등이 전형적으로 발생한다는 데 대해 일반적으로 동의한다. 이 말은 기혼 여성들의 권력이 아들의 출산으로부터 비롯되기 때문에, 한국 사회에서의 모자관계는 가족 내 여타 관계들(이를테면, 부자관계, 모녀관계 혹은 부녀관계 등등)과는 비교도 할 수 없을 만큼 끈끈한 신뢰와 애정을 바탕으로 이루어져 있다는 것이다. 따라서 어머니에게 아들의 존재는 가족 내 위계hierarchy에서 가장 다음으로 높은 우위를 차지하는 것이다.

누군가 한국의 가부장제에 대해 설명해 달라고 했을 때 그 개념이 언뜻 떠오르지 않아 당황했던 적이 있다. 알듯, 알듯 하면서도 은근히 잡히지 않는 것이 한국의 가부장제라는 생각도 든다. 과연 한국의 가부장제란 어떤 것일까? 나는 가족행동에서의 어떤 '순서'가 아닐까 생각한다. 예를 들어, 밥그릇에 밥을 퍼 담는 순서라든가 상이나 식탁에 먼저 앉는 순서, 식사를 하기 위해 수저를 뜨고 다시 식사를 마치고 나서 수저를 내려놓는 등의 순서가 한국의 가부장제를 단적으로 설명해 주는 것은 아닐까?

아버지와 아들에 대한 내조는 주부의 역할에서 중요한 비중을 차지한다. 우리 사회의 주부들은 남편에게 불만이 많거나 자녀 교육열이 남달라서, 어쩌면 남편보다 아들에 대한 뒷바라지를 더 중요하게 여길 수 있다. 밤늦게 들어와도 따뜻한 밥과 좋아하는 반찬을 챙겨 주고, 교육을 위해서라면 시장이나 마트에서의 절약 정신(?)을 던져 버리고 과감하게 투자해 온 것이 '아들의 어머니'였다. 아들이 무언가를 요구하면 다른 사람들의 요구보다 늘 우선 들어주었으며, 아들의 속옷부터 겉옷, 양말, 운동화에 이르기까지 온갖 세탁과 다림질, 심지어 어질러진 방을 청소하는 일까지도 오롯이 어머니의 몫이었다.

이렇듯 어머니의 역할에서 큰 비중을 차지했던 '아들을 위한 일'이 결혼을 계기로 이제 더 이상 어머니의 몫이 아니게 되는데, 그때 어머니가 느끼는 상실감과 허전함의 크기를 과연 무엇으로 짐작할 수 있겠는가? 물론 어떤 분들은 '그 많은 일들로부터 해방되었는데 허전하긴 뭐가 허전하냐, 오히려 해방되었으니 얼마나 신나는 일이냐.'며 이해하지 못할 수도 있다. 솔직히 나이를 먹으면서 아들 뒷바라지가 힘에 겨웠었는데, 이제는 그 많던 일에서 벗어났으니 이 일은 누가 보더라도 신나는 일임에는 틀림이 없다. 그러나 시원섭섭하다 못해 마음 한구석이 횅하게 시려 오는 것은 도대체 어쩐 일일까?

결혼과 함께 아들을 떠나 보낸 어머니는 '며느리'라는 새로운 존재가 모자 사이에 끼어들면서 예전엔 미처 몰랐던 새로운 심리적 갈등을 경험할 수 있다. 여성의 삶에서 아들이란, 보잘것없는 한 여성을 비로소 한 아이의 '어머니'로서 인정받도록 계기를 마련해 준 존재다. 그러니 우리나라 사회에서 모자관계가 어찌 특별하지 않겠는가? 그 사이에 며느리가 끼었으니, 시어머니 입장에서 볼 때 며느리는 별반 노력한 것도 없이 내 소중한 아들을 빼앗아 간 구미호일 수밖에 없질 않은가? 이러한 어머니의 감정이 바로 고부갈등의 근원이다.

그녀에게도 시간이 필요하다

　　요즘 결혼식장에 가 보면, 신랑이 먼저 입장한 후 장인으로부터 신부의 손을 건네받는 것이 아니라 신랑, 신부가 동시에 입장해서 예식을 치르는 경우들을 더러 볼 수가 있다. 부모님이 안 계시거나 다른 특별한 이유가 있어서 그럴 수도 있겠지만, 만일 그런 이유가 아니라면 결혼의 출발이 평등해야 함을 다짐하는 그들만의 특별한 의식^{ritual} 쯤으로 이해해도 좋을 듯하다. 만일 그런 이유에서라면 과연 그 의식은 애초의 의미만큼 신랑과 신부에게 평등한 결혼생활을 보장해 줄 수 있을까?

　　결혼식을 끝내고 달콤한 신혼여행에서 이제 막 돌아온 부부라면 앞으로 결혼생활을 통해 어떠한 일들이 벌어질지에 대해 잘 모를 것이다. 요즘 신혼부부들 가운데에는 아기를 낳으면 허니문이 다시 돌아올 수 없다며 둘만의 시간을 오래 갖고 싶어 하기도 한다. 그러나 허니문이 지나고 나면 부부는 영화 〈결혼 이야기〉에서처럼 치약 짜는 방법을 가지고도 시시콜콜하게 다툴 수 있다. 이는 각자 자신의 가족 생활에서 가져온 다양한 습관상의 차이 때문인데, 사소한 싸움이 하나둘 쌓여 가다 보면 나중에는 너희 집이 어쩌니, 우리 집이 어쩌니 하면서 집안 싸움으로 발전하기도 한다.

　　가끔 신혼의 아내들은 남편으로부터 아버지와 같은 역할을 기대한다. 반대로 남편들은 아내에게서 어머니와 같은 모습을 찾아보려 하기도 한다. 이러한 기대와 탐색은 종종 서로에 대한 실망감만을 안겨 줄 뿐이다. 아내는 어디까지나 아내일 뿐이며 어떤 경우도

고부관계의 심리학

결코 어머니가 될 수 없다. 남편 역시 이와 마찬가지라는 사실은 두 말할 나위가 없다. 원가족^{family of origin}으로부터 많은 것들을 버리지 못하고 지금의 가족으로 가지고 왔을 때, 신혼부부는 서로에게 적응하는 데 더 많은 시간이 필요할 것이다.

이와 마찬가지로, 성인이 된 자녀를 결혼시킨 부모 편에서도 자녀의 결혼에 적응하는 데 얼마간의 시간이 필요하다. 지금까지 날마다 마주 대하던 내 아들이었는데, 이제는 따로 살림을 내서 생활하고 있으니 밥은 제대로 먹고 다니는지, 어디 아픈 데는 없는지, 회사에 늦지는 않는지, 옷은 잘 다려 입고 다니는지, 반찬은 먹을 만한 게 있는지, 퇴근은 무사하게 잘 했는지 등 일일이 눈으로 확인하지 않으면 궁금하기 짝이 없는 것들이 어머니에게는 너무 많다. 익숙했던 생활에 대한 애착 혹은 허전함이라고나 할까.

그러나 이러한 애정 어린 관심과 걱정은 이제 더 이상 자신의 몫이 아니라 아들 부부의 몫임을 받아들여야만 한다. 가슴이 시리고 눈물이 나더라도 이제는 아들 부부가 알아서 하도록 그들에게 온전히 맡겨 두어야만 한다. 머릿속으로는 당연히 그래야 한다 하면서도 마음속으로는 여전히 아들을 놓지 못하는 어머니들도 많다. 이런 어머니들은 회사에 있는 아들에게 전화를 걸어 이것저것 물어보기도 하고, 저녁에 퇴근해서 밥해 먹으려면 힘드니 새애기한테 일러 집에서 밥 먹고 가라며 당부하기도 한다. 어머니로서야 결혼한 아들 부부 생각해서 하는 말이겠지만, 아들 부부 입장에서는 참 고달픈 일이 아닐 수 없다.

어머니는 끊임없이 자녀의 독립에 대한 마음의 준비를 하지 않으면 안 된다. 자녀가 더 이상 부모와 함께 자지 않겠다고 선언할 때,

초등학교에서 중학교로 또 고등학교로 진학할 때, 수학여행 간다고 뒤도 안 돌아보며 친구들 속으로 사라질 때, 혼자 대학입학 OT에 간다고 할 때, 군대 갈 때 나 귀대할 때나 제대할 때, 그리고 결혼시키고 신혼여행을 떠나 보낼 때 아들을 열심히 떠나 보내야만 한다. 그럼에도 불구하고 아들을 마음속에서 쉬 떠나 보내지 못하는 어머니가 있거든, 당분간 기다려 줄 줄 아는 지혜가 필요하다.

시어머니와 시어머니의 시어머니
-시집살이 대물림

시어머니의 시집살이

시어머니의 시집살이에 대해 들어 본 적이 있는가? 시어머니의 시집살이 이야기는 그리 멀리 거슬러 올라가지 않아도 눈물 없이 들을 수 없는 한 많은 일화들로 가득하다. 아무것도 모르던 어린 나이에 아무개 집안으로 시집오고, 모진 시집살이와 가난 속에서도 애 여럿 낳아 다들 번듯하게 키워 낸 것이 우리네 시어머니의 인생 여정이었다. 뻔한 이야기 같지만 그 과정을 소설로 쓴다면 대하소설이 되고도 남을 것이다. 결혼은 사랑하는 사람들이 서로 행복하게 살기 위해 하는 것인데, 도대체 이런 일들이 어떻게 해서 벌어지는 것일까? 모진 시집살이는 그렇게 무조건 견뎌야만 하는 것이었을까?

시집살이를 호되게 치른 시어머니일수록 당신 며느리에게는 절대로 당신이 겪었던 시집살이를 시키지 않을 것이라고 단정하기 쉽다. 당신이 그토록 힘겨운 시집살이를 해 왔으니 그 삶이 얼마나 고달플지에 대해서는 누구보다 잘 알고 있을 것이기 때문이다. 그러나 이것은 우리의 기대일 뿐 실제로는 예상을 빗나가는 경우들이 많다. 당신이 시어머니에게 호되게 당했던 그 삶이 억울했던 때문일까? 아니면, 좋은 시어머니 역할을 배우지 못했기 때문일까? 그렇다면 혹독한 시집살이는 여전히 이런 식으로 대물림될 수밖에 없는 것일까?

시어머니에 대한 며느리들의 불평은 다양하고 끝이 없다. 어떤 이는 시어머니의 아들에 대한 유별난 사랑과 며느리에 대한 질투 때문에 힘들어 하기도 하고, 어떤 이는 주어도 주어도 끊임없이 바라기만 하는 시어머니 때문에 힘들어 하기도 한다. 어떤 이는 시누이들과 차별대우하는 시어머니 때문에 하루가 멀다 하고 속이 뒤집어지는가 하면, 고부간 생활방식의 크고 작은 차이들 때문에 도저히 서로를 받아들일 수 없는 지경에 이른 경우들도 많다. 이와 같이 시어머니 노릇이 당신이 겪은 시집살이와 크게 다르지 않은 이유는 시어머니 역할에 관한 데이터가 자신의 시어머니로부터 대물림되었기 때문이다. 아무리 생각해 보아도 자신이 경험한 것 이상의 역할을 감당한다는 것은 결코 쉬운 일이 아닌 것 같다.

물론 자신이 고된 시집살이를 했다고 해서 모두가 다 며느리에게 그와 같은 시집살이를 시키는 것은 아닐 것이다. 시어머니의 고부관계 사이에서 시아버지가 중재자로서의 역할을 잘 감당했더라면 어땠을까? 고부관계는 절망적이었지만 남편, 자녀들과의 관계가 충분히 만족스러웠다면 그 시어머니는 그렇지 않은 시어머니와는 달리 며느리를 대하는 태도가 뭔가 좀 다르지 않았을까? 당신은 비록 험난한 며느리의 삶을 살아왔지만 내 며느리에게 만큼은

고부관계의 심리학

절대로 그런 삶을 물려주어서는 안 된다고 생각하는 시어머니가 있다면, 세상의 모든 며느리들이 바라는 가장 이상적인 고부지간이 될 듯 싶다.

다양한 사람, 다양한 관계들

우리는 초 · 중등 교육과정을 지나오면서 한민족의 단일성과 우수성에 대해 학습해 왔다. 솔직히 미국과 같은 다인종국가와 비교해 볼 때, 전 국민이 단일민족으로 이루어져 있다는 사실은 순수혈통을 지켜 온 우리 조상들의 문화적 전통이라는 맥락에서 전 세계적으로 자랑할 만한 일이다. 그러나 단일민족으로 살아온 문화적 전통은 우리 국민들로 하여금 '차이'와 '다름'을 수용하는 것을 어렵게 만들었다. 그러므로 이제 우리에게 남은 과제는 서로 다름을 존중할 줄 알고, 그러한 차이를 어떻게 다루어 나갈 것인지에 대해 고민하는 일이다.

지하철을 타고 가다 보면 사람들의 생김생김이 어쩌면 저렇게도 서로 다를 수 있을까 하는 생각이 들 때가 있다. 실제로 우리가 어떤 조직이나 집단의 구성원으로서 일을 할 때, 세상에는 우리가 생각하는 것보다 훨씬 더 많은 다양한 사람들이 있구나 하는 생각을 하게 된다. 나랑 코드가 잘 맞는 사람과 일을 하면 그 일이 아무리 힘들더라도 끝까지 성공적으로 해낼 수 있고, 반대로 나랑 코드가 전혀 맞지 않은 사람과 일을 하면 하는 일마다 사사건건 부딪치고 스트레스만 팍팍 받다가 결국에는 일을 그르치기도 한다.

세상의 모든 사람들이 나와 코드가 맞을 수는 없다. 사람은 누구에게나 장단점이 있고, 자기만의 독특한 개성을 지니고 있기 때문이다. 나와 코드가 맞지 않는다고 해서 그 사람을 나쁜 사람으로 볼 수는 없다. 나 역시 다른 사람에게 완벽한 파트너가 될 수 없으며, 다른 사람에게 내 코드를 강요할 수도 없기 때문이다. 내가 누군가와 코드가 맞지 않아 그 사람을 마음속에서 밀어내고 있다면, 그것 때문에 너무 괴로워할 필요는 없다. 비록 나와 맞지 않았더라도 다른 사람과는 잘 맞을 수 있으며, 서로가 맞지 않으면 좋은 관계를 유지할 수 없는 것은 당연한 일이기 때문이다.

사회적 관계에서는 나와 코드가 맞지 않는 사람과의 관계를 스스로 적당히 조절해 나갈 수 있다. 다시 말해 나랑 안 맞는 사람은 처음부터 부딪쳐서 아예 기선제압을 해 버리거나, 굳이 부딪혀 가면서 스트레스를 받을 것 없이 적당히 피해 버리거나 무관심하게 대하면 된다. 그도 성에 차지 않는다 싶으면 아예 그 집단을 나와 버리면 끝이다. 그러나 상대가 가족일 때는 문제가 그리 간단하지 않다. 남편이야 사랑해서 결혼하기로 마음먹었다지만, 시어머니까지 사랑하며 배우자를 고르기는 힘든 일이지 않은가?

열심히 연애를 하다가 결혼을 결정해야 할 시점이 되어 시어머니 될 분을 만나 봤는데, 염려했던 것과는 달리 좋은 분이라는 판단이 든다면 이는 며느리 될 입장에서 엄청나게 다행스러운 일이다. 솔직히 요즘 신세대 며느리들과 시부모와의 관계는 예전 같지 않다. 며느리들의 대처전략(?)이 적당하게 맞아 떨어져서 그럴 수도 있겠지만, 자녀 부부에게 부담 주는 일을 삼가려는 노부모 세대의 배려도 중요한 역할을 한다. 그러나 도저히 이해할 수 없는 시어머니, 그

고부관계의 심리학

래서 도대체 어떻게 대처해야 할지 답이 안 나오는 시어머니도 의외로 많다. 이럴 때는 차라리 '가족'이라는 허울을 벗어 버리고 싶을 것이다.

그러나 더 이상은 아니다

인간이 사회적 동물이라는 것쯤은 누구나 다 안다. 이 말은 어느 누구도 저 혼자서는 살아갈 수 없다는 뜻이다. 세상에 나와 똑같은 사람은 결코 없다. 세상에 나와 똑같은 사람들만 있다면 어떤 일이 벌어질지 상상해 보라. 그처럼 지루하고 짜증 나는 일은 아마 세상에 없을 것이다. 세상 사람들은 이처럼 서로 다르다. 그러므로 서로 다른 사람들과 관계를 맺어 나갈 때 이러한 '차이'를 어떻게 다룰 것인가?'의 문제는 대단히 중요하다. 그것을 알아야만 '성공적인 인간관계 맺기'가 가능하다.

결혼한 지 60여 년이 훌쩍 넘은 어느 시부모님의 이야기다. 시어머니는 사교적인 분이셔서 외출이 잦은 반면, 시아버지는 내성적인 편이어서 일을 마치면 곧바로 집으로 돌아오시곤 했단다. 시어머니는 시아버지보다 늦게 들어오시는 날이면 어김없이 "아니, 저녁이 되면 항아리 뚜껑을 닫아야지. 도대체 당신은 어떻게 된 사람이 해지면 뚜껑 닫을 줄도 모르우? 내가 이 나이가 되도록 이런 잔소리를 해야 해요?"라고 하신단다. 결혼한 후부터 지금까지 똑같은 문제를 두고 다투시는 시부모님을 바라보면서, 사람은 참 변하기 힘든 모양이다 싶은 생각이 들었다고 한다.

개인의 성격은 18세경까지 만들어지는데, 한 번 형성된 성격은 충격적인(?) 계기가 아니고는 여간해서 바뀌질 않는다. 내가 잘 아는 나의 단점도 고치기 어려운데, 하물며 다른 사람이라고 특별할 리 없지 않은가? 혹 도저히 이해할 수 없는 시어머니를 두었다면, 어떻게든 끝까지 이해해 보려고 안간힘을 쓰지 말자. 대신 내가 시어머니를 어디까지 받아들이고 어디까지 무관심하게 대할 것인가를 판단할 필요가 있다. 내 시어머니가 '시어머니 역할'에 대한 바람직한 데이터를 갖고 있지 않다고 해서, 당신의 무고한 며느리를 괴롭히는 일은 더 이상 없어야 하기 때문이다. 시어머니가 어른이니까 무조건 순종해야만 한다는 논리는 과거 세대에서나 찾아볼 수 있는 것이다. 무턱대고 순종하다 보면 며느리의 삶 자체가 침해당할 수 있다. 다룰 것인가, 당할 것인가? 당신의 선택에 달려 있다.

세대화합의 중간에 서다
- 시어머니의 역할

 여기 우리 집 맞아?

얼마 전 세무사 사무실을 개업한 한 며느리의 이야기다. 오랫동안 세무공무원으로 근무하던 이 며느리는 맏며느리임에도 불구하고 시어머니를 모시지 못했다. 시어머니의 본거지가 자신의 근무지와 달랐기 때문이다. 그래서 둘째아들 부부가 시어머니를 모시고 살았는데, 어느 날 둘째네가 아파트 분양을 받아 이사하게 되면서 시어머니 부양 문제가 고개를 들었던 것이다. 그렇잖아도 둘째네가 시어머니를 모시는 것이 눈치 보였던 맏며느리는 이참에 근무지를 옮겨 시어머니와 함께 살기로 마음먹었다.

처음에는 시어머니랑 살아 봤자 별로 도움 될 게 없다고 생각했다. 이미 아이들이 초등학교에 다니고 있었기 때문에 전처럼 손이 많이 가는 일도 없었고, 이제는 바쁜 생활 가운데 시장 보고, 반찬 만들고, 빨래하는 일들이 익숙해졌기 때문이다. 하지만 실제로 시어머니와 생활하고 보니 여간 여유가 생기는 게 아니었다. 아침 식사를 차려 주시는 덕분에 하루의 출발을 여유 있게 시작할 수 있을 뿐 아니라 학교에서 돌아온 아이들에게 간식도 챙겨 주시고 저녁 준비도 미리 다 해 놓으시기 때문이다.

그러나 이런 편리함만 있었던 것은 아니다. 크고 작은 불편함도 함께 교차하면서 시어머니와의 생활은 그렇게 하루 이틀 흘러가고 있었다. 실제로 시어머니와 함께 살면서 여러 가지 변화가 나났는데, 그중의 하나는 하루가 멀다 하고 집에 손님이 찾아오는 것이었다. 결혼식 때 얼떨결에 인사드리고는 지금까지 왕래가 없었던 친인척 분들도 있었고, 시어머니의 옛날 이웃 분이었다거나 가까운 친구 분들이 찾아오는 경우도 있었다. 뿐만 아니라 교회생활에 열심이신 시어머니는 가끔 구역예배나 여전도회 모임을 집에서 갖기도 하였다.

한동안 업무량이 많아서 그랬는지, 스트레스에 과로까지 겹쳐 하루 종일 일을 어떻게 했는지조차 모를 만큼 유난히 피곤한 어느 날이었다. 일찌감치 집에 들어가 쉬어야겠다고 마음먹은 맏며느리는 피곤한 몸을 이끌고 집에 겨우 도착하여 현관문을 열었다. 그런데 현관 앞에 발 디딜 틈도 없이 늘어져 있는 신발을 보고, 순간적으로 '어? 내가 집을 잘못 들어왔나?' 하는 생각이 스쳤다. 아차 하며 되돌아 나가려는 순간, "아유, 너 왔니? 오늘은 일찍 퇴근했구나?" 하는 시어머니의 목소리가 들려왔다.

어떻게 하면 풍부해질 수 있을까?

가족생활을 하다 보면 이러저러한 손님들이 집에 찾아오게 마련이다. 부부의 손님이 있는가 하면, 아이들의 친구나 양가 친인척 분들, 이웃에 사시는 분들도 있을 수 있다. 이와 같이 누가 우리 집에 찾아오느냐, 또 얼마나 많은 사람들이 다녀가느냐는 그 집에 몇 명의 가족이 살고 있느냐, 또 그들이 얼마나 개방적이냐에 따라 다를 수 있다. 만일 부부와 자녀만 사는 것이 아니라 할아버지와 할머니가 함께 생활한다면, 집을 방문하는 손님은 더욱더 다양해지고 방문 횟수도 빈번해질 가능성이 높다.

솔직히 부부가 맞벌이 생활을 하다 보면 변변하게 손님으로 맞을 만한 분들이 없다. 대개 직장에서 많은 시간을 보내다 보니, 주변 이웃이나 양쪽 친인척 분들, 아이 친구들의 부모님들과 교제하는 일이 그렇게 수월하지만은 않다. 주말에나 시간이 나는데, 주말이 되면 게으름 피우면서 피로를 풀고 싶은 마음만 굴뚝 같다. 또 다음 한 주간의 생활을 준비하다 보면 주중보다 더 분주한 것이 주말이다. 그러다 보니 가족의 사회관계망이 약해지게 마련이어서, 기쁜 일이나 슬픈 일, 또 때로는 어려운 일도 함께 나누면서 의논도 하고 돕기도 하는 사람은 좀처럼 찾기가 어려워진다.

요즘 맞벌이 부부들 가운데에는 결혼한 후 노부모나 결혼한 형제자매들과 가까운 지역에 한데 모여서 살기도 한다. 함께 살면서 어디에서 물건을 싸게 파는지, 아이들 사교육 기관으로 어디가 괜찮은지, 어느 식당이 음식을 맛있게 하는지, 어디가 놀러가기 괜찮은지 등에 대한 정보를 교환할 수 있다. 뿐만 아니라 특별한 사정 때문에 퇴근이 늦어지거나 출장 혹은 연수라도 가게 되면 자녀들 걱정으로 늘 맘이 편치 않았는데, 잠시 자녀들을 돌봐 달라고 맘 편히 부탁할 수 있는 노부모나 형제자매가 있다면 맞벌이 부부에게 이보다 더 고마운 일은 없다.

그러나 이렇게 노부모가 결혼한 자녀들과 함께 가까운 데 모여 사는 것은 쉬운 일이 아니다. 요즘 같은 핵가족 시대는 각 사람마다 하는 일이 다르고 욕구도 다양하다. 게다가 경제적인 여건도 집집마다 차이가 있기 때문에 가까이에 모여 살고 싶어도 서로 수준을 맞추는 것이 어려울 수 있다. 혹 노부모나 친인척보다 더 가깝고 허물없이 지내는 이웃을 만들어 놓았다면 참으로 다행스러운 일이다. 그러나 이도 저도 아닌 경우라면 어디 하나 의지할 데 없는 맞벌이 부부의 삶은 고단하기만 할 뿐이다. 자녀들 역시 무미건조한 어린 시절을 보내기 십상이다.

가끔은 내 자녀가 자신의 어린 시절을 어떻게 기억할 것인가에 대해 생각해 볼 필요가 있다. 집에 돌아오면 반가이 맞아 주는 부모도 없이 썰렁하게 제 방으로 들어가 버리던 것을 떠올리지는 않을는지, 학교 마치면 이 학원, 저 학원으로 떠돌아다니던 것을 떠올리지는 않을는지, 어린이날이나 생일이나 크리스마스 때만 되면 백화점이나 대형매장에 가서 값나가는 장난감이나 최신형 전자제품을 사들고 들어오던 것을 떠올리지는 않을는지 적잖이 걱정이 앞선다. 자녀들에게 진정으로 풍부한 삶이란 어떤 것일까?

우리는 자녀들에게 다양한 경험을 시켜 주는 것이 중요하다고 쉽게 이야기한다. 부모들을 앉혀 놓고 자녀들에게 어떤 경험을 어디에서 어떻게 시켜 줄 것인가에 대해 이야기해 보라고 하면, 각자 나름대로의 철학과 가치, 삶의 경험에 비추어 다양한 방법들을 이야기할 것이다. 혹자는 자녀의 삶의 경험이 부모와 다르겠거니 할 수도 있겠지만, 자녀가 스스로 세상에 대한 호기심을 키우고 그러한 호기심을 채워 나갈 만큼 성숙하기 전까지는 자녀의 삶은 부모의 삶의 경험에서 크게 벗어나지 않는다. 그만큼 부모의 영향이 크다는 말이다.

가족의 삶 자체가 자녀 중심으로 이루어지지 않는 한, 부모가 자녀에게 풍부한 환경을 제공해 주는 일은 생각만큼 쉽지 않다. 그럴 때는 친인척이나 이웃과의 유대관계가 부모의 부족한 역할을 대신해 주거나 보충해 줄 수 있다. 세 사람이 걸어가면 그 안에 스승이 있다는 말이 있듯, 우리는 사람들과의 관계 속에서 많은 것을 배움으로써 풍부한 경험을 할 수 있다. 이렇듯 사람들과의 관계를 맺어 나가는 데서, 혹은 적어도 친인척들과의 관계를 유지해 나가는 데서 시어머니는 중요한 역할을 한다.

그 다음에는 내 몫이다

요즘은 가족이 개인생활에 걸림돌이 되는 것 같지는 않다. 다시 말하면, 개인이 사회생활을 할 때 가족 때문에 하지 못하는 일은 거의 없다는 뜻이다. 그만큼 가족생활보다는 개인생활에 대한 비중이 커졌기 때문이다. 그러나 가족은 늘 우리 뒤에서 든든한 울타리가 되어 준다. 나의 어떤 모습도 있는 그대로 받아 주는 것이 가족이다.

나에 대한 가족의 신뢰는 거의 종교적인 수준(?)이라고 할 만큼 절대적이다. 그런데 이렇게 소중한 가족의 의미를 우리는 차츰 잃어 가고 있는 것 같다. 바쁘다는 핑계 혹은 거추장스럽고 번거롭다는 이유로 우리는 가족의 행사를 대충 생략하고 넘어가며 살아가고 있다.

우리 가족은 어떤 가족인가? 우리 가족은 다른 가족과 무엇이 다른가? 가족에 관한 이와 같은 정체성identity 찾기는 가족 행사가 거추장스럽고 번거롭다는 이유로 생략되지 않는 한 어렵지 않게 찾아나갈 수 있다. 설날이나 추석 같은 우리나라의 최대 명절은 가족 고유의 정체성을 찾아내는 데 가장 도움이 된다. 노부모님이나 가까운 친지 분들의 칠순잔치, 회갑연, 생신(일), 부부의 결혼기념일, 자녀들의 입학식이나 졸업식, 어린이날이나 어버이날 같은 기념일 역시 가족을 화합하게 하고 가족의 의미를 발견하게 하는 좋은 기회가 된다. 그렇다면 모두가 바쁜 가족들에게 이러한 집안의 대소사를 잊지 않도록 서로에게 알려 주고 챙겨 주는 사람은 과연 누구일까?

친인척들 간의 관계를 연결해 주고 세대 간의 화합을 도모하는 일은 시어머니의 역할 중에서도 대단히 중요한 역할이다. 사실 인간관계를 잘 다루는 것만큼 힘겹고 어려운 일은 없다. 최재천 교수는 21세기 인간형을 '공생적 인간homo symbious' 이라 일컬었다. 과거에도 그랬지만 오늘날의 인간은 더욱더 혼자서 살아갈 수 없게 되었다. 내가 잘살기 위해서는 공생共生의 논리를 기억해야만 하며, 그러기 위해서는 친밀한 인간관계를 맺는 기술이 필요하다. 그렇다면 나는 어떤 사람들과 이러한 친밀한 관계를 맺으며 살아갈 것인가?

이동이 잦은 21세기 사회에서 현대인의 인간관계를 가족이나 친인척들과의 관계로 굳이 한정하고 싶지는 않다. 그러나 사회가 고

고부관계의 심리학

도로 발달할수록 가족 및 친인척들 간의 유대는 중요한 의미와 가치를 지니며, 그들과 친밀한 관계를 유지하려는 욕구 또한 점차 증가해 가고 있는 실정이다. 가족 및 친인척들 간의 유대는 어떻게 생겨나는 것일까? 시어머니는 친정엄마 외의 또 한 분의 어머니로서 여성의 모성성을 확장시켜 주는 대상이 될 수도 있지만, 가족 및 친인척들 간의 유대를 형성하고 세대를 통합시킬 수 있는 존재이기도 하다. 만일 시어머니가 세상에 더 이상 존재하지 않는다면, 어쩌면 당신이 그러한 역할을 자청하고 나설지도 모른다.

바라는 어머니와 퍼 주는 어머니
- 시어머니와 친정엄마

애초부터 노후 준비란 없었다

요즘 우리나라 국민들이 가장 걱정하고 있는 현실적인 문제는 무엇인가? 얼마 전 일간신문을 통해 20대부터 노후 준비를 시작해야 한다는 기사를 보고 깜짝 놀랐던 적이 있다. 다달이 아파트 대출금 갚아 나가면서 자녀 사교육비를 부담하느라 매일매일 푼돈과 씨름하고 있는데, 이제는 노후 준비까지 서둘러야 한다니 참 기막힌 노릇이 아닐 수 없다. 그러나 이 말에 모두가 동의하는 데는 다 그럴 만한 이유가 있다. 노후 준비에 대한 의식이 이처럼 빨라진 이유는 무엇일까?

의료기술의 발달과 양질의 영양 섭취로 인간의 평균수명은 점차 연장되고 있다. 평균수명 연장은 노동시장의 여건이나 건강상의 문제로 노인들이 경제활동에서 물러난 후 적어도 20여 년 동안의 삶을 살아야 한다는 문제점이 있다. 따라서 젊었을 때 노후생활을 미리 준비해 두지 않으면, 말년의 삶이 구차해질 수밖에 없다. 과거에는 자녀를 죽기 살기로 교육시켜 성공의 발판만 만들어 주면, 내 말년쯤이야 자녀들의 몫으로 슬쩍 남겨 두어도 누가 뭐라 하지 않았다. 그때는 자녀들도 이것을 자연스럽게 받아들였던 것 같다.

그러나 요즘은 자녀를 양육하고 교육시키는 것만으로는 노후보장보험(?)을 기대할 수 없다. 노후보장보험은 고사하고 제때 취직이나 해서 부모 걱정을 덜어 주기만 해도 다행이다. 얼마 전 신문 보도에 따르면, 성인 남녀가 결혼식을 치르는 것부터 실제로 결혼생활을 시작하기까지 총 1억 3천만 원이라는 비용이 든다는 통계발표가 있었다. 1억 3천만 원이라는 비용을 둘로 딱 잘라 나누어도 성인 자녀 한 명을 결혼시키는 데 약 6천 5백만 원이라는 비용이 드는 셈이다. 자녀가 하나가 아니고 둘이라면, 또 둘이 아니라 셋이라면 부모의 경제적 부담은 점점 더 커질 수밖에 없다.

그러니 노부모들이 당신들의 노후를 충분히 준비했을 리 없다. 이처럼 노후생활을 미처 준비하지도 못한 채 노년기를 맞이한 세대들은 어쩔 수 없이 자신들의 노후를 자녀들에게 의지할 수밖에 없다. 더군다나 노인복지제도가 미비한 우리나라에서는 어쩔 수 없는 현실이다. 며느리들 중에는 시어머니가 해 준 것도 없이 바라기만 한다고 불평하는 이들이 있다. 아들을 낳아 양육하고 교육시키는 건 부모로서 당연히 해야 할 도리인데, 왜 결혼한 며느리가 당신 아들의 양육비, 교육비에 대한 대가를 지불해야만 하는 것일까?

시어머니와 친정엄마

　친정에 갈 때면 시댁에 갈 때보다 한결 마음이 편하다. 이유는, 변변치 못한 과일을 사 들고 들어가도 '돈도 없으면서 이런 건 왜 사 가지고 왔냐'며 반갑게 맞아 주는 친정엄마가 있기 때문이다. 오랜만에 딸 얼굴을 들여다보시며 여기가 야위었네, 저기가 야위었네 하신다. 안타까운 마음뿐인 친정엄마는 이내 밥상을 들고 들어와 딸 수저 위에 이것저것 반찬을 올려 주신다. 어디 이뿐인가? 집에 돌아갈 때면 뭐 하나 더 줄 게 없나 하고 여기저기 살피시며 이것저것 챙기다 보면 어느새 짐이 눈덩이처럼 불어나던 기억들이 있을 것이다. 그럴 줄 알았으면 괜히 지갑 눈치 보지 말고 고기라도 좀 넉넉히 사다 드릴 걸…….

　반면, 시어머니는 해 준 것도 없이 왜 그렇게도 당당하게 요구하는 게 많은지 궁금할 때가 많다. 젊은 부부가 벌어야 얼마나 번다고…….. 아직 아이들도 어리고, 앞으로 집도 사야 하고, 남들처럼 아이들 교육도 제대로 한 번 시키려면 지금부터라도 티끌 같은 돈을 모아야 할 판이다. 그렇다고 결혼할 때 남들처럼 번듯한 집 한 채 사 준 것도 아니다. 그랬다면 결혼생활이 지금처럼 고생스럽지는 않았을 것이다. 나중에 자식한테 물려줄 재산도 없다. 남들은 결혼할 때나 아이 낳고 나서 시부모가 뭘 해 줬네, 뭘 받았네 한다. 그런데 그런 일이 진짜 있기는 한 걸까?

　시어머니가 교통사고로 잠시 병원에 입원한 적이 있는 어느 며느리의 이야기다. 이 시어머니는 지방에서 맏며느리와 함께 살고 있었는데, 어느 날 시내 다녀오시는 길에 가벼운 교통사고를 당했다고 한다. 그런데 맏며느리는 시어머니가 옛날부터 운영해 오던 포목점을 대신 운영하고 있어서 시어머니 병간호를 할 수 있는 사정이 못 되었다. 그래서 하는 수 없이 서울에 살고 있는 둘째 며느리가 부랴부랴 지방으로 내려갈 수밖에 없게 되었다.

둘째 며느리는 어린아이 둘을 친정엄마에게 맡기고 서둘러 시어머니가 입원해 계신 곳으로 내려갔다. 시어머니는 달려오는 차를 피하려다가 길가 쪽으로 넘어졌는데, 그 때문에 엉덩이에 무리가 갔던 모양이었다. 병원에서는 엉덩이 부분에 대한 검사를 실시하는 과정에서 며칠간 환자의 대소변을 받아 내야 한다고 했다. 평소 비위가 약한 이 며느리는 시어머니의 대소변을 받아내는 일이 너무나 고역스러웠다. 그나마 며칠 못 가서 다행이지, 나중에 이런 일을 오랫동안 해야 한다면 그건 정말 끔찍한 일일 거라고 생각했다.

그 일이 있은 지 몇 년 후 친정엄마에게도 이와 비슷한 일이 벌어졌다고 한다. 교통사고는 아니고 산부인과 수술이었는데, 수술 후 며칠간은 환자 대소변을 받아 내야만 한다고 했다. 친정에서는 맏딸인 이 둘째 며느리는 아이들이 그나마 초등학교에 다니고 있어서, 자기보다 어린 자녀를 둔 여동생들을 대신하여 어머니 병수발을 도맡게 되었다. 그런데 시어머니와는 달리, 친정엄마는 자꾸만 대소변 보는 일을 참으시는 것 같더라고 했다. 당신이 대소변을 보면 수발하는 딸이 힘들어 할까 싶어서 참으시는 건 아닌지 싶었다. 그래서 나는 괜찮으니 편하게 일 보시라고 해도 친정엄마는 여전히 "알았다." 하시고는 참으실 수 있을 때까지 참더라고 했다.

그때 이 며느리는 어떻게 두 어머니가 똑같은 일을 두고 이렇게 다르게 행동할 수 있는지에 대해 참 희한하단 생각이 들었다고 한다. 시어머니는 말끝마다 "아이고, 너 힘들어서 어쩌니?" 했지만, 비위 약한 며느리 입장일랑은 별로 염두에 두는 것 같아 보이지 않았다. 그런데 친정엄마는 편하게 일 보시라고 아무리 이야길 해도, 그렇게 하는 것이 혹시나 딸을 힘들게 하지는 않을까 싶어서 그랬는지 "그래 알았다. 근데 먹은 게 없어서 그런가? 별로 생각이 없네." 하시곤 했단다. 이렇게 다른 시어머니와 친정엄마의 입장 차이는 어디에서 생기는 것일까?

'바라는 어머니' 속마음 들여다보기

시어머니라고 해서 반드시 며느리에게 무엇을 바라고 구하기만 하는 것은 아니다. 특히 요즘 시어머니들은 신세대 부부만큼이나 현명해서, 그렇게 했다가는 시어머니로서 제대로 대접받을 수 없다는 것쯤은 충분히 짐작하고 있다. 그렇다 보니 요즘은 친정엄마보다 시어머니들이 바리바리 더 챙겨 주시는 경우도 많다. 맞벌이하는 며느리를 위해 때마다 김치를 챙겨 보내시는 시어머니가 있는가 하면, 큰집부터 어린 손주들을 내리 돌봐 주시는 시어머니도 계시다.

신혼의 한 주부는 맞벌이하는 아들 부부를 위해 날마다 반찬을 해 놓고 부르시는 시어머니에 대해 애정 어린 불평을 하기도 한다. 집에서 밥 챙겨 먹을 기회가 없다 보니 시어머니께서 해 주시는 반찬은 늘 남아나기 일쑤고, 가끔은 맛이 없더라도 뭔가를 직접 만들어 보고 싶은데 반찬이 도대체 떨어질 날이 없는 것이다. 언제나 주는 것 없이 바라기만 하는 시어머니 때문에 부담스러운 며느리가 있는가 하면, 이처럼 뭐 더 해 줄 게 없나 고민인 시어머니 때문에 불평 아닌 불평을 하는 경우도 있다. 이 대목에서 과유불급過猶不及이란 사자성어가 생각난다.

　　인간의 마음속에 이기적인 면이 있어서 그런지, 우리 대부분은 의무나 책임보다 배려나 이익을 따르는 경우들이 많다. 그렇기 때문에 주는 것 없이 무엇을 요구하는 사람보다는 남아돌더라도 있는 대로 퍼 주는 사람에게 마음이 가는 것은 어쩌면 당연한 일일는지 모른다. 어쨌거나 '시어머니의 요구'가 아들을 양육하고 교육시킨 것에 대한 보상(?)의 맥락에서 이루어지는 것이라면, 그런 시어머니의 생각을 수용하는 일은 쉽지 않다. 만일 그런 맥락이라면 친정엄마도 사위에게 당당하게 요구할 몫이 있기 때문이다.

　　자녀들이 성장해서 스스로 독립할 수 있기 전까지 그들을 양육하고 교육시켜야 하는 것이 부모의 역할이다. 하지만 그랬기 때문에 나중에 부모를 반드시 모셔야 한다고 볼 수는 없다. 더더군다나 지금은 아들만이 그 역할을 감당해야 하는 것도 아니고, 따라서 그 책임이 며느리에게 있다고 보기도 힘들다. 그러나 그럼에도 불구하고 시어머니는 왜 자꾸 며느리에게 바라기만 하는 것일까?

　　노후 준비가 변변치 못한 시어머니가 있다면, 주고 싶어도 줄 수 없고 요구하고 싶지 않아도 요구할 수밖에 없지 않을까? 자신들의 노후를 미처 준비하지 못한 채 노인기를 맞이한 부모가 있거든, 그 자녀들은 노부모의 마지막 남은 생을 위해 기꺼이 부양 책임을 질 수밖에 없다. 그 책임이 꼭 장남일 필요도 없고, 자녀들마다 형편이 닿는 대로 부양의 방식과 정도를 합의하는 것도 좋다. 또한 우리 사회는 언제까지나 미비한 노인복지정책을 들어 국민들로부터 양해를 구할 수도 없다. 이것이 비록 지금의 내 문제가 아니라 할지라도, 불과 1~20년 안에 닥칠 나와 내 이웃의 문제이기 때문이다.

그러나 '바라는 시어머니'를 다른 관점에서 바라볼 필요도 있다. 어린아이가 어머니에게 끊임없이 뭔가를 요구한다면, 아이의 문제행동보다는 그 이면에 숨어 있는 심리적 욕구가 무엇인지를 파악하는 일이 중요하다. 마찬가지로 시어머니의 바라는 욕구는 며느리에게 어떤 심리적 욕구가 있는 것일까? '바라는 시어머니'의 심리 이면에는 아들 키우느라 지금까지 수고한 것에 대한 며느리의 인정, 아들에 대한 애정을 넘겨 준 것에 대한 보상 심리가 자리할지도 모른다. '바라는 시어머니'를 무턱대고 밀어내기보다는 그 이면에 어떤 심리적 욕구가 숨어 있는지를 이해하는 것이 필요하다. 그래야만 진정으로 시어머니를 다룰 수 있다.

Part 2 | 에피소드:

열두 며느리의 시어머니 이야기

남의 딸 기 죽이기
- 파워게임

"내 말 무슨 뜻인지 알겠니?"

시어머니는 오늘도 며느리를 앞에 두고 일장훈시를 늘어놓는다. 며느리 지영 씨는 지금까지 시어머니 말을 알아듣지 못한 적이 없다. 그렇다고 시어머니가 알아듣지 못할 정도로 이해하기 어려운 말을 한 적도 없다고 생각한다. 그런데도 불구하고 시어머니는 말끝마다 "내 말 알아듣겠니?" "무슨 뜻인지 알겠어?" 하시는데, 그런 시어머니가 도대체 마음에 들 리 없다. 그래서 오늘도 시어머니의 그 잘난 척(?) 때문에 지영 씨는 입이 댓 발은 나와 있다.

시어머니는 대학 교수이고 시아버지도 이름만 대면 웬만큼 알 만한 성공한 CEO다. 두 분 모두 사회적으로 잘나가는 분들이다 보니, 결혼할 때 주위에서는 부러움 반 시샘 반으로 "잘사는 집으로 시집가니 콩고물 꽤나 생기겠네."라고들 하였다. 솔직히 결혼예물부터 예사롭지 않았던 게 사실이다. 하지만 정작 지영 씨나 지영 씨 부모님 입장에서는 그리 달갑지만은 않았다. 아니, 오히려 집안사정 뻔히 알면서도 굳이 호화 결혼예물을 준비한 시어머니 때문에 은근히 기분이 언짢았다.

밖에 나가 식사할 때도 그렇다. 시어머니는 제아무리 유명한 집이라 할지라도 음식을 놓고 칭찬해 본 적이 없다. "어머, 이집 음식 맛이 왜 이러니? 돈 좀 벌었나 보지? 전엔 꽤 괜찮았는데, 이집 여~영 안 되겠네. 얘, 다음부턴 절대 여기 오지 말아야겠다." 뭐 대충 이런 식이다. 솔직히 당신도 뭐 이렇다 하게 잘하는 음식도 없다. 그러면서도 미각은 어찌 그리 예민한지. 그럴 때마다 지영 씨는 맛있게 먹고 있던 자신이 민망해지고, 숟가락을 내려놓을 때면 입맛까지 싹 달아나 버리는 걸 느끼곤 하였다.

그러니 명절이나 시부모 생신이 다가올라치면 며느리인 지영 씨가 받는 스트레스는 얼마나 크겠는가? 한 달 전부터 고민해도 시어머니의 그 까다롭고 수준 높은(?) 취향을 만족시키기가 쉽지 않기 때문이다. 결혼하고 지금까지 단 한 번도 좋은 소리를 못 들어봤다. D-Day가 다가올수록 긴장과 스트레스는 점점 커져만 가고, 소화도 잘 안 되는 데다가 나중에는 머리까지 띵하다. 속 모르는 직장 동료들은 뭘 그렇게 신경 쓰냐며 백화점 상품권이나 현찰로 대충 드리라고 하지만, 그렇게 했다가는 성의 없다 하실 게 뻔한 일이다.

드디어 D-Day. 고민 고민 끝에 준비한 선물 앞에서 이번에도 시어머니는 칭찬이 박하다.

"뭘 이런 걸 다 챙기고 그러니. 다들 바쁘게 사는 거 잘 아는데……. 얘, 근데 이거 어디서 샀니? 바꿀 수는 있지?"

시어머니의 마지막 말에, 지영 씨는 언제나 자존심이 팍 상해 버리곤 한다. 덕분에 지영 씨는 이제 시어머니 선물을 살 때면, 점원

가문관계의 심리학

에게 꼭 나중에 다른 것으로 다시 교환할 수 있는지를 다짐받는 습관이 생겼다.

어느 날 지영 씨는 우연히 시어머니가 이런 말을 하는 걸 들었다.

"내 월급은 그냥 내 용돈밖에 안 돼."

대학교수 월급이 얼마나 되는지는 모르겠지만, 잘 나가는 기업인인 남편의 월급과는 아마 비교도 안 되는 모양이었다. 당신의 여건이 그러하니 교수 월급이 그저 당신 용돈 정도밖에 안 된다는 말은 분명 틀린 말은 아니다. 이 말에 불끈할 서민들이 많겠지만 말이다. 결혼예물도 기죽으리만치 받았지만, 첫 애를 낳았을 때도 시어머니는 아이 낳느라 수고했다며 금일봉을 주셨다. 그런데 그 액수가 또 장난이 아니어서 그때도 또 한 번 기가 죽고 말았다.

생일 때마다 챙겨 주시는 것들 역시 지영 씨에게는 부담스러울 뿐이다. 남편은 남들은 이런 거 받으면 얼씨구나 하고 좋아할 텐데 당신은 왜 그렇게 부담스러워 하냐, 어머니가 쓰라고 준 것이니 그냥 부담 갖지 말고 편하게 쓰라고 한다. 남편은 참 속도 편하다. 솔직히 지영 씨도 처음에는 언제나 그림의 떡이었던 명품 선물을 받고는 엄청 감격했었던 게 사실이다. 그런데 이런 일이 한두 번 반복되고 보니 마음의 부담만 점점 쌓여가는 데다가, 줄 때마다 던지는 시어머니의 말 한마디에 속이 뒤집히기까지 하였다.

"이런 걸 써야 촌스럽지 않단다."

솔직히 지영 씨라고 뭐 내세울 게 없는 것은 아니다. 지영 씨도 남편만큼 서울에서 꽤 알아주는 대학을 나왔고, 취업하기 어려운 때 그래도 전공을 살릴 수 있는 만족할 만한 직장에 다니고 있다. 부모

51

part 2. 에피소드

님도 기업인이나 대학교수는 아니지만 평범하게 직장생활하면서 자녀들을 헌신적으로 키워 오신 분들이다. 자라면서 단 한 번도 부모님으로부터 자존심 건드리는 말을 들어 본 기억이 없다. 부족한 게 있더라도 언제나 격려를 아끼지 않았던 분들이다. 그런데 결혼하고 나서는 왜 이렇게 자신이 점점 초라해지는지 모르겠다.

결혼을 잘했는지 못했는지는 남자의 와이셔츠 깃과 여자의 얼굴 표정을 보면 알 수 있다고 했다. 지영 씨는 결혼한 이후로 얼굴 표정이 부쩍 어두워졌다. 남편하고의 생활은 그런대로 별 문제가 없는데, 무엇보다 시어머니 때문에 자존심이 상하는 경우가 허다하기 때문이다. 이제는 고부 사이에 선물을 주고받는 것조차 몽땅 없어져 버렸으면 하는 것이 지영 씨의 솔직한 바람이다. 아니, 대체 내가 뭐 아쉬운 게 있다고 하필이면 이런 집으로 시집와서 이 마음고생을 하며 사는가 싶어 지영 씨는 요즘 결혼에 대한 근본적인 회의감마저 든다. 과연 지영 씨는 남들이 하는 말처럼 결혼을 잘하기는 잘한 걸까?

딸에게 어머니는 생애 최초의 애정 상대인 아버지에 대한 연적^{戀敵}이다. 이제는 세월을 뛰어넘어, 며느리는 시어머니에게 아들의 연적이 된다. 이와 같은 경우에 '며느리 기 죽이기' 현상이 나타날 수 있다. 전략적 가족치료이론의 창시자인 해일리^{Haley}는 가족문제의 원인이 가족 간의 힘 겨루기^{power struggle}에서 발생한다고 보았다. 이에 비추어 볼 때, 며느리를 못살게 굴고 비하하려고 하는 시어머니의 심리에는 바로 사랑하는 아들을 며느리에게 빼앗긴 화풀이나 앙갚음에서 출발한다고 볼 수 있겠다.

부모와 자녀의 관계는 아들의 부부관계보다 늘 앞서서 일어난다. 어머니가 아들을 키우는 동안 그에게 얼마나 애정을 쏟아 부었겠는가? 그렇게 애지중지하던 아들이 이제는 내가 아닌 젊고, 예쁘고, 똑똑한 며느리에게 마음을 빼앗겼으니 어머니 마음속이라고 어찌 평온하겠는가? 이럴 때는 어머니가 지금까지 누려 왔던 '아들의 어머니'로서의 권위를 최대한 인정해 주는 노력이 필요하다. 상대방의 권위에 도전해 봤자 남는 것은 미움과 저항뿐이다. 며느리를 열심히 기 죽이는 시어머니가 있다면, 그건 며느리가 형편없어서가 아니라 단지 며느리의 출현을 '어머니에 대한 도전'으로 받아들였기 때문인 것이다.

이럴 땐 시어머니의 힘 겨루기에 말려들 필요가 없다. 만일 시어머니가 이런 식으로 힘 겨루기를 걸어온다면, 시어머니는 며느리가 긴장하거나 흥분하는 모습을 보면서 은근히 쾌감을 느낄지도 모른다. 시어머니가 명품선물로 기를 죽일 때, 속으로 숨을 한 번 크게 쉬고 나서 이렇게 말해 보자. "어머니 덕분에 제가 점점 세련되어지는 것 같아요."라고. 이렇게 시어머니의 권위를 최대한 받아 주는 식으로 대처한다면, 시어머니는 점차 며느리와의 힘 겨루기에 대해 흥미를 잃을 수도 있다. 그러나 이러한 며느리의 노력에도 불구하고 계속해서 권위를 앞세우거나 전보다 더 많은 것을 요구한다면, 이를 과감하게 무시하자. 싸우려는 의지가 없어 보이면, 생각보다 게임은 쉽게 끝날 수 있다.

여우 같은 며느리랑 곰 같은 며느리
─ 대처방식

때로는 시어머니가 나빠서라기보다는 여우 같은 며느리가 중간에 끼어서 착한 며느리만 골탕을 먹는 경우들이 종종 있다. 선진 씨가 그에 해당하는 경우라고 할 수 있다. 선진 씨는 위로 오빠만 둘이 있는 집안의 막내딸로 자랐다. 집안에 하나밖에 없는 귀한 딸이라고는 하지만, 아버지나 오빠들은 물론이고 거친 사내아이들 등살에 익숙해진 덕분인지 엄마마저도 딸을 귀하게 보살펴 주지 못했다. 그러다 보니 선진 씨는 무슨 일이든 혼자 알아서 척척 처리하는 데 익숙해져 버렸다.

선진 씨 남편은 그런 아내가 때로는 안타깝기도 하고, 때로는 믿음직스럽게 느껴지기도 하였다. 솔직히 결혼을 앞두고는 은근히 걱정을 하기도 했다. 막내딸로 어려움 모르고 자랐을 터인데, 과연 결혼해서 애 낳고 살림하면서 그 힘들고 어려운 일들을 잘 견뎌 낼 수 있을까 싶었기 때문이었다. 하지만 남편의 걱정은 지나친 기우였다. 오히려 아내는 무슨 일이든 혼자서 끝장을 보아야만 직성이 풀리는 그런 성격이었다. 때로는 마음 편하게 이것저것 의논할 수 있는 언니도, (여)동생도 하나 없다는 게 측은하게 여겨지기도 하였다.

하지만 부지런한 사람이 손해를 보는 일도 있는 법. 아내 선진 씨가 그러하다 보니 집안에 무슨 일만 있으면 그녀는 늘 고되고 힘든 일을 도맡아 해 왔다. 명절이나 제사가 있는 날이면 시어머니는 제일 먼저 만만한 선진 씨에게 전화를 걸어 언제 올 거냐며 은근히 재촉하는 눈치였다. 직장에 다니는 형님을 대신해서 집안 살림을 도맡아 하시는 시어머니를 볼 때마다 늘 안타까운 마음이 들었던 선진 씨는 전화를 받고 나면 여지없이 한걸음에 달려가 시어머니의 일손을 돕곤 하였다.

며느리 선진 씨는 집안 대청소며 양념 다듬기, 안 쓰던 그릇들 씻어 놓기, 기본 재료들 다듬어 놓기, 빠진 식재료 장 봐 놓기 등의 일에다 중간 중간 끼니까지 챙겨 가면서 정말 우직하게 일하곤 하였다. 하지만 그렇게 일하고 돌아오면 선진 씨는 온몸이 뻐근해지면서 녹초가 되어 며칠씩 앓아눕곤 하였다.

'그러게 요령껏 할 것이지, 무슨 일 났다고 그렇게 죽기 살기로 덤벼, 덤비길.'

그럴 때마다 또 남편은 남편대로 아내의 미련함에 속이 상했다. 그도 그럴 것이 명절이나 제사 때만 되면 부엌일이 많을 게 불 보듯 뻔한데도 불구하고, 형수는 늘 이 핑계 저 핑계로 요리조리 빠져나가는 통에 은근히 부아가 났다.

큰며느리는 결혼하면서부터 시부모님과 함께 살았다. 하지만 직장에 다닌다는 이유로 집안일 하나하나부터 심지어 손주들 과외 선생님 간식 챙기는 일까지 전부 다 시어머니의 차지였다. 그러면서도 때때마다 적당한 핑계거리들이 언제나 화려하게 넘쳐났다.

"항상 일에 바쁘게 쫓기다 보니 부엌일 하는 게 영 서툴러서요. 내가 부엌에 있으면 오히려 방해가 된다니까요?"

"요즘 들어 회사에 일이 많아서 피곤해 죽겠어요. 퇴근할 때는 오늘은 집에서 뭐 좀 해 봐야겠다고 마음먹고 오는데, 막상 집에 오면 아무 생각도 안 들어요."

"음식 만드는 거나 설거지하는 건 정말 취미가 없어서요. 대신 필요한 거 있으면 언제든 말씀하세요. 제가 다 사다 드릴게요."

"부엌일을 어머니가 다 하시니까 내가 콩나물 하나 무칠래도 그릇이 어디 있는지, 양념이 어디 있는지 한참 헤매게 되요. 그러다 보니 자연스레 부엌에서 멀어지게 되더라고요."

"역시 이 반찬은 어머니 솜씨가 최고예요. 내가 아무리 흉내를 내려고 해도 진짜 안 되더라고요. 애 아빠는 내가 만든 반찬엔 아예 손도 안 대요. 나 참……."

요즘은 부모님을 반드시 큰댁에서 모셔야 한다고 생각하는 사람이 그리 많지는 않은 것 같다. 나이 드신 부모님들 입장에서는 차남 이하나 딸들보다는 차라리 장남한테 의지하는 편이 낫겠다 하시는 분들이 혹시 있을지 몰라도 말이다. 대신 부모님을 모실 여건이 되거나 부모님의 도움이 필요한 경우 등 여러 가지 사정이 맞아떨어지면 그게 아들이든 딸이든 상관없이 부모님을 모시는 게 좋다고 생각하는 것이 일반적인 듯싶다. 하지만 설사 그렇다 치더라도 부모님을 모시지 않는 집은 부모님을 모시는 집에 대해서 심적 부담을 갖게 마련이다.

그러다 보니 선진 씨 역시 시어머니를 모시고 있는 형님에 대해 은근히 부담을 갖고 있었던 게 사실이다. 물론 형님이 맏며느리이기는 하지만 그래도 시어머니를 모시고 있기 때문에 불만이 있어도 쉬 입이 떨어지지 않았다. 하지만 아무리 그렇다고 해도 그렇지, 도무지 거들 생각은 하지도 않고 미꾸라지처럼 살살 빠져나가는 형님을 볼 때마다 억장이 무너지는 것이었다. 거기다가 한술 더 떠 시어머니는 힘들어도 아무 내색도 못하고, 오히려 얄미워 죽겠는 큰며느리를 옆에서 거들기까지 한다.

"아유, 그래. 남의 돈 받는다는 게 어디 쉬운 일이니? 들어가서 좀 쉬어라. 이럴 때 안 쉬면 언제 쉬니?"

"둘째가 워낙 잘하잖니. 그러니까 너는 이따 음식 간이나 봐라."

누구는 손에 물 하나 안 묻히고 명절과 제사를 지내는가 하면, 누구는 며칠씩 팔다리가 쑤시고 허리가 아파야만 일이 얼추 끝나 가는가 보다 한다. 이 부당하고 억울한 사정을 누가 보상해 줄 것인가?

손윗사람을 스스럼없이 대하는 사람은 그리 흔치 않다. 하지만 그렇다고 언제까지나 그들을 피해 다닐 수는 없다. 특히 그가 직장 상사이거나 집안의 어르신이라면, 그들을 대하는 것이 아무리 어렵고 진땀 나는 일이라 할지라도 번번이 자리를 피할 수는 없는 노릇이다. 하지만 손윗사람 대하기를 어려워하는 사람을 보면서 정작 그 손윗사람은 그와 사뭇 다른 입장을 취할 수 있다. 왠지 그를 대하는 것이 영 만만해 보이지 않기 때문이다. 이렇게 되면 이들 둘은 가까워지기를 원하면서도 서로의 눈치만 볼 뿐 진전이 없게 된다.

상대방이 손윗사람이라고 하고 싶은 이야기를 제대로 못한다면, 정작 상대방은 자신이 무엇을 잘못했는지, 또 뭐가 불만인지 잘 모를 수 있다. 오히려 긴장만 가중될 뿐이다. 가족 간의 대화에서 우리가 가장 주의해야 할 것은 '당연히 알겠거니.' 하고 미루어 짐작하는 일이다. 실제로 확인해 보면, 왜 진작 말하지 않았냐는 다소 황당한 반응이 돌아오게 마련이다. 정작 상대방은 전혀 아랑곳하지 않았던 일에 나 혼자만 괜히 억울해하고 있었던 것이다. 말을 안 하면 귀신도 모른다.

이럴 땐 손윗사람이라고 해서 너무 어려워할 필요는 없다. 위의 경우는 시어머니보다 손위 형님을 어려워하는 경우인데, 시어머니가 아니라 시아버지나 시아주버님이라 할지라도 마찬가지다. 위의 경우처럼 이리저리 핑계를 대면서 집안의 대소사를 늘 제대로 챙기지 못하는 맏며느리가 있다면, 비록 아랫동서라 할지라도 형님에게 과감하게 부탁하는 것을 잊지 말자. 큰 일 때마다 뭘 해야 할지 모르는 형님에게 "이것 좀 썰어 주실래요?" "저것 좀 사다 주실 수 있으세요?" 하는 동서의 부탁은 오히려 상대방의 부담감을 덜어 줄 기회가 될 수도 있다.

고부관계의 심리학

넌 대체 뭐야?
- 남편의 역할

연주 씨 남편은 2남 1녀 중 차남이다. 위로 형이 한 분 계시고 밑으로는 여동생이 있는데, 모두들 남편보다 먼저 결혼하였다. 차남인 연주 씨 남편은 다른 두 형제자매와는 달리 공부도 잘하고 착한 편이다. 그래서였는지 대학을 졸업하고는 곧바로 대기업에 취직할 수 있었다. 그러나 형과 여동생은 그렇지 못한 편이어서, 결혼생활을 하는 데 형편이 그리 넉넉하지는 못하다. 연주 씨는 지금의 남편과 결혼을 고려할 때 이런 부분들이 은근히 마음에 걸렸었다.

그런데 막상 결혼을 하고 보니, 우려했던 일들이 하나둘씩 현실로 나타나기 시작했다. 시부모님 생신이라든지 어쩌다가 가족들이 모두 모여 외식이라도 할라 치면, 식사비는 늘 둘째의 몫이 되곤 하였다. 남편이 잘나가는 대기업 회사원이라는 이유도 있지만, 연주 씨가 직장생활을 한다는 이유도 있었다. 하지만 솔직히 직장인이라고 해서 경제적으로 여유가 있는 것은 아니다. 개인 용돈도 그만큼 더 필요하고, 아이 유치원비 외에도 엄마를 대신해 아이를 돌봐 주시는 친정어머니께 작은 사례비라도 챙겨 드려야 하기 때문이다.

그래서 연주 씨는 시댁에 대해 이래저래 불만이 많다. 친정에서는 그래도 딸이 직장에 다니느라 고생한다며 외손주라도 데려다 봐 주시기라도 하지만, 시댁에서는 아이랑 함께 가도 과자 사 먹으라며 아이 손에 천 원짜리 한 장 쥐어 주는 일이 없기 때문이다. 누구 하나 도와주는 사람도 없는데, 돈 들어갈 일만 생기면 마치 당연하다는 듯이 연주 씨 부부에게 돌아가니 연주 씨가 어찌 불만이 없겠는가.

한 번은 계속 이렇게 당할 수만은 없다는 생각이 들어 남편에게 대 놓고 이야기를 했다.

"아니, 우리가 맞벌이한다고 누구 하나 도와주는 것도 아니면서, 왜 항상 돈 내는 일만 생기면 당연히 우리가 내는 것으로 믿고 있는 건데? 모두들 제 욕심껏 살기 위해 아등바등하며 살아가고 있는데, 다들 어쩌면 그렇게 아무렇지도 않게 무임승차(?)를 한대? 당신이 어머니께 좀 말씀드려 봐. 서로 공평하게 돌아가면서 내면 어떻겠냐고. 아니면 아예 바깥에서 식사를 하지 말든가."

아내의 볼멘 목소리에 남편님 왈,

"그럼 어떻게 해…… 부모님이고 형님이고 그런데……."

결혼하고 5년쯤 지났을 무렵, 연주 씨 남편은 중국 지사로 발령이 났다. 남편 말에 따르면, 그곳에서 2년간 근무할 예정이지만 상황에 따라서는 그보다 더 오래 있을 수도 있다고 했다. 이에 연주 씨는 하는 수 없이 직장을 그만두고 아이와 함께 남편을 따라나서기로 결정했다. 직장을 그만둔 연주 씨는 한동안 한가로운 시간과 낯선 환경에 적응하느라 힘든 나날을 보내야 했다. 직장생활과 가정생활을

가부장제의 심리학

병행하느라 바쁘게만 지냈던 생활에 익숙해져 있었기 때문이다. 그러나 차츰 시간이 지나면서 시간 사용에 대한 요령도 생겼고, 주위 사람들과 교류하면서 아이와 함께 새로운 문화를 체험하는 일에서도 은근히 재미를 느껴 갔다.

외국에서 생활하더라도 시댁의 영향으로부터 완전히 벗어날 수 있는 것은 아니다. 사흘에 한 번꼴로 안부 전화를 하는데도 불구하고, 경황이 없어서 전화 거는 것을 깜빡 잊기라도 하면 시어머니는 새벽이든 한밤중이든 현지 시간을 고려하지 않고 전화벨 소리를 울려댄다. "별일 없니? 아니, 왜 요즘 통 전화연락이 없니? 그러다가 목소리 잊어버리겠다."로 시작해서, 그냥 별 내용 없는 이야기들을 쭉 늘어놓다가 전화비 많이 나온다며 그쪽에서 먼저 서둘러 끊으신다. 이것이 과연 자는 사람 깨워 전할 통화 내용의 전부란 말인가?

회사에서 기약한 2년에 현지사정상 한 해를 더 보내고 난 뒤, 연주 씨 가족은 드디어 한국으로 돌아가게 되었다. 타지에서 그래도 몇 년간이나 생활하다 보니 어느새 짐도 이것저것 많이 늘었다. 그동안 안 산다 어쩐다 했는데도 불구하고 막상 귀국하려고 짐을 꾸려 보니 갖고 갈 일이 막막하기만 했다. 알고 보면 별로 비싼 것도 아닌데, 그렇다고 버리기에는 너무 아깝고 정든 물건들이었다. 살림도구들을 앞에 놓고 이런저런 생각을 하던 연주 씨는 자신이 진짜 아줌마가 다 되었구나 싶은 생각에 픽 하고 웃음이 나왔다.

귀국해서 집에 도착하고 보니 집안 꼴이 말이 아니었다. 시어머니가 미리 치워 놓았다고는 하지만, 얼핏 보기에도 한참을 비워 둔 티가 줄줄 흘렀다. 집안 구석구석을 둘러보던 연주 씨는 갑자기 깜짝 놀라고 말았다. 결혼할 때 혼수로 장만해 온 에어컨과 정수기가 보이질 않는 것이었다. 놀라 눈이 휘둥그러진 연주 씨가 곁에 있는 시어머니께 이게 어떻게 된 일이냐고 물었다.

"에어컨은 더위 많이 타는 큰애네 주었고, 정수기는 간난 애 새로 낳은 막내네 주었다. 어차피 너희들은 몇 년간 쓰지도 못하잖니. 가전제품은 계속 쓰지 않으면 고장도 쉬 나는 거 너도 알지? 또 봐라, 너네 들어오면 그게 다 구식이 되잖니. 그러니까 너네 들어오면 그냥 새로 사는 게 좋을 것 같아서 내가 그렇게 다 줘 버렸다."

내 참 기가 막혀. 여자라면 누구나 자기 물건, 특히 살림하면서 사용하는 물건에 애착을 갖게 마련이다. 더군다나 시어머니가 처분한(?) 그 물건들은 결혼할 때 친정 부모님께서 혼수로 챙겨 주신 것들이다. 그런데 어떻게 나와 상의 한 마디 없이 시아주버님과 시누이에게 다 줘 버릴 수 있단 말인가? 그리고 또 몇 년간 사용하지 못해 고장이 나거나 구식이 되는 것을 걱정했다면, 주인과 상의 없이 처분(?)해 버렸으니 당신이 새로 사 주기라도 해야 하는 것이 아닌가?

시어머니는 순간적으로 분위기가 싸늘해진 걸 눈치 챘는지 서둘러 집으로 돌아가셨다. 연주 씨는 이번에는 도저히 못 참겠다 싶어 남편에게 한바탕 퍼부어대기 시작했다. 어떻게 이럴 수가 있느냐, 그건 친정 부모님이 혼수로 장만해 주신 것이다, 당신 물건도 아니면서 왜 자식들에게 그렇게 나눠 주느냐, 주고 싶으면 당신이 직접 사서 주면 될 거 아니냐, 고장 나고 구식되는 게 그렇게 걱정되었으면 차라리 새 걸로 사 주기라도 하든가. 화가 단단히 났는지, 연주 씨 입에서는 쉴새없이 말이 이어졌다.

그러나 남편의 입장은 오늘도 초지일관이다. 미안하다, 내가

고부관계의 심리학

중간에서 잘해야 하는데……. 하지만 내 입장을 좀 이해해 달라, 부모님이 나에 대한 기대가 크다 보니 불만이 있어도 말씀드리기가 쉽지 않다, 당신이 정 힘들면 뒤에서 구시렁거리지 말고 차라리 부모님께 직접 말씀드려라, 나도 이제 지쳤다, 더 이상 이런 문제에 신경 쓰고 싶지 않다, 뭐 이런 식이었다. 집안에서 혼자만 잘나고 혼자만 효자인 덕에, 며느리는 점점 나쁜 사람이 되어 가고 있다. 정말 언제까지 그러고 살 것인가?

　　가족만큼 서로에 대해 잘 아는 경우도 없다. 습관이며 버릇, 자라면서 겪었던 여러 가지 에피소드를 가장 많이 공유하는 사람들이기 때문이다. 그렇게 편안하고 가까운 가족임에도 불구하고, 가족에게 자기가 하고 싶은 말을 다 하면서 지내 온 사람은 그리 많지 않을 것이다. 이유를 굳이 말하자면 집안사정을 알고 있는데도 내가 무리한 것을 요구하는 것이기 때문에 그럴 수도 있고, 내 생각을 이야기하면 가족들의 반대가 만만치 않을 게 뻔하기 때문에 그럴 수도 있다. 그것을 말하기에는 상대방에게 상처가 될 것 같아서 말 못할 수도 있고, 그런 말을 하기에는 입장이 아주 난처해서 그럴 수도 있다.
　　하지만 어렵더라도 이야기하지 않으면 안 되는 상황들이 있다. 시부모나 장인장모와 함께 살지 않는 한, 이들 부부의 가족생활의 단위는 어디까지나 부부가 중심이 되어야만 한다. 자녀가 결혼을 해서 그들만의 가족생활을 시작할 때, 부부의 결혼생활에서 가장 중요한 인물은 누가 뭐래도 그들 부부이기 때문이다. 부부 사이에서 이야기해야 하는 것들, 부부끼리 결정해야 하는 일들이 자칫 시부모나 친정 부모에게 넘어가서는 안 된다. 부부가 먼저 대화하고 합의하는 것을 늘 우선시해야 하는 것이 바람직하다.

며느리가 나서서 시댁에 대한 불만을 이야기한다는 건 상당히 위험한 일이다. 좋은 이야기라도 자칫 잘못하면 오해를 살 수 있기 때문이다. 그렇다고 남편에게 모든 걸 떠넘기고 나 몰라라 하는 것도 옳지 않다. 남편이라고 그게 어디 쉬운 일이겠는가? '너무나 잘난 며느리' '결혼하고 달라진 아들' 소리를 듣지 않으려면 과연 불만이 있을 때 어떻게 하는 것이 좋을까? 일단 두 부부가 이 문제에 대해 진지하게 대화하고, 나름대로의 해결방법을 찾아보는 것이 필요하다. 부부의 입장이 확고하게 정리되면, 며느리나 아들 혼자 십자가를 지는 것이 아니라 부부가 함께 한목소리로 말씀드리는 게 좋다.

고부관계의 심리학

시금치도 싫다더니
– 계속 담 쌓기

민정 씨는 데이트를 즐기던 중 부담 없이 자기네 집에 놀러가 자고 졸라대는 남자친구를 따라 얼떨결에 그의 집을 방문하게 되었 다. 아무런 준비 없이 따라 나설 수 있었던 건 아직 철이 없었기에 가 능한 일이었다. 막상 남자친구의 집에 도착하고 보니 부모님을 포함 해서 가족들이 잔뜩 모여 있었다. 이게 무슨 일인가 싶어 남자친구 에게 오늘 무슨 날이냐고 슬쩍 물었다. 그랬더니 남자친구는 천연덕 스럽게 오늘이 자기 어머니 생신이라고 했다. 순간 부담 없이 놀러 가자는 남자친구 말만 믿고 따라나선 자신이 무척 한심스럽게 느껴 졌다. 하지만 남자친구의 가족들은 별로 어색해하거나 부담스러워 하는 기색 없이 처음 보는 '아들의 애인'을 반갑게 맞아 주셨다. 다 행이었다. 이것이 '시댁식구들'과의 첫 만남이었다.

시댁에 대한 첫인상은 꽤 괜찮은 편이었다. 특히 시부모님과 시누이들, 손위 형님뻘 되실 분들의 인상이 참 좋게 다가왔다. 그 일 이 있은 뒤로 민정 씨와 남자친구는 더욱 가까워졌고, 결혼에 대해서도 좀 더 구체적으로 그려 보기 시작했다. 그도 그럴 것이 결혼을 하면 시부모나 시누이들 때문에 결혼생활이 고달플 수도 있는데, 이분들 정도라면 크게 문제가 없을 것 같다는 생각이 들었던 탓이다. 그 후로 민정 씨 커플은 자주 집에 들러 놀다가곤 했고, 시댁식구들과 민정 씨는 자연스럽게 친해질 수 있었다.

결혼 준비도 무리 없이 진행되는 듯싶었다. 두 집안이 경제적으로도 비슷했고, 무엇보다 모든 것을 상의해서 서로의 여건에 맞게 준비하자는 두 사람의 가치관이 비슷하게 맞아 떨어졌기 때문이다. 그래서 한 품목을 두고도 싸다는 소문만 들리면 어디든 찾아가 보곤 하였다. 뿐만 아니라 한 가지를 구입하더라도 아는 사람을 통해 저렴하게 사기도 하고, 사고 싶은 것이 다섯 가지면 대충 한두 가지 정도로 줄여서 구입하기도 하였다.

이렇듯 알뜰하게 결혼 준비를 하던 중 민정 씨 기분을 무척 상하게 하는 사건(?)이 벌어지고 말았다. 남자친구는 당시 종합상사를 다니고 있었는데, 곧 결혼할 거라는 소식을 들은 한 업체 사장이 유명한 프랑스제 냄비세트를 결혼 선물로 보내왔던 것이다. 이 냄비세트는 당시 웬만한 부잣집에는 다 있다는 소위 '명품 냄비'였다. 선물은 남자친구의 집으로 배달되었고, 이를 받아 본 시누이는 결혼 선물인지도 모르고 일단 포장을 풀어 보았던 모양이었다.

그날도 이래저래 발품을 팔고 난 예비 부부가 잠시 시댁에 들렀다. 그날 배달된 결혼 선물에 대해 이야기를 전하던 시누이가 값비싼 명품 냄비가 못내 탐이 났는지 아쉬움을 감추지 못한 채 이렇게 말했다.

"오빠네는 식구가 많지 않으니까 작은 거 쓰면 되지? 중간 거는 집에서 쓰기 딱 좋아서 내가 하나 뺐어. 이거…… 원래는 우리 거나 마찬가지니까, 솔직히 우리가 다 가져도 되는 건데……."

　이 말에 민정 씨의 기분은 확 상해 버렸다. 이건 어디까지나 결혼 선물로 보낸 것인데, 당사자들이 보기도 전에 내 물건, 네 물건부터 나눠 놓았다는 게 우선 기분 나빴다. 게다가 원래가 자기네 거였다니? 그 말은 예비 올케만 아니었으면 전부 자기네 물건이라는 이야긴데, 솔직히 자기 오빠가 결혼하지 않으면 결혼 선물 자체도 아예 없었을 게 뻔하지 않은가? 민정 씨는 기가 막혀서 말이 나오질 않았다. 그러나 순진한 민정 씨는 여기서부터가 시댁과의 갈등의 시작이라는 걸 그때는 미처 눈치 채지 못했었다.

　민정 씨는 결혼 후 2년 만에 드디어 첫딸을 낳았다. 딸을 낳아서 그랬는지, 아니면 집안에 형제들이 많다 보니 애 낳는 것쯤은 별로 대수롭지 않아서 그랬는지, 시부모님은 몸이 힘들다는 이유로 수술까지 해서 낳은 애기를 보러 병원에도 안 오셨다. 나중에 퇴원하고 나서 보는 게 서로 편하지 않겠냐는 게 변명 아닌 변명이었다. 첫아기를……. 그것도 자연분만이 아니라 수술 끝에 낳은 아기를……. 아무리 힘들어도 그렇지……. 이때 민정 씨는 시댁에 대해 또 한 번 크게 실망했다. 민정 씨는 병원에서 일주일 꼬박 몸조리를 도우신 친정 어머니의 초췌한 모습이 더없이 안쓰럽게만 느껴졌다. 어떻게 시댁과 친정이 이렇게도 다를 수 있는지 참 기가 막힐 노릇이었다.

　아이가 한참 낯가림을 할 무렵의 일이다. 집에서는 생글생글거리면서 잘 노는 아이가 낯선 사람만 보면 어찌 그리 울어대는지. 시댁 식구들은 예쁘다고 안아 주려는데, 정작 아이는 낯선 사람이라며 서럽게 울어댄다. 아무리 어른이라지만 그런 손녀(조카)가 맘에 들리 없다. 아이에 대한 시댁 식구들의 반응이 영 마뜩찮다. 이걸 보고 있는 아이 엄마 마음도 결코 유쾌할 리 없다. 하는 수 없이 우는 아이를 건네 안고 겨우 달래 잠을 재우는가 싶었는데, 이번에는 아이 엄마 사정은 아랑곳하지 않고 쾅쾅 문 닫는 소리에 떠드는 소리까지 들려온다. 아이는 또다시 선잠에서 깨어나 고래고래 울어댄다.

일이 이렇게 되고 보니 명절 때는 부엌에 나갈 엄두도 못 낸다. 그러면 시어머니는 또 우는 애를 보면서 "네가 효녀다."라며 한마디 하신다. 할 일은 태산인데 아이 곁에서 떨어지지 못하는 며느리가 못내 못마땅한 속내다. 결혼 안 한 시누이도 우는 애 때문에 짜증이 났는지 전보다 더 소리를 높여댄다. 이게 도대체 명절 맞은 집안인지 싸움장인지 알 수가 없다. 민정 씨는 속으로 시누이에게 이를 갈고 있다.

'너도 이 담에 결혼해 봐. 애 키우는 게 어디 그렇게 쉬운지 아냐? 애기가 다 울면서 크는 거지. 고모랍시고 애 옷 하나 변변하게 사 준 적도 없으면서……'

'시婨' 자 들어가는 사람들 하고는 이렇게 영원히 친해질 수 없는 것인가? 화가 머리끝까지 난 민정 씨는 앞으로 시금치도 먹지 않겠다고 다짐하고 있는 중이다.

가족의 생활이란 어느 때는 즐겁고 재미있다가도 어느 때는 짜증 나고 확 그만두고 싶을 때가 있다. 누구나 가족끼리 즐겁게 살아가고 싶어 하지만, 정작 내가 결혼하고 나서야 남들처럼 평범하게

살아간다는 것이 생각보다 쉽지 않음을 알게 된다. 대부분의 사람들은 가족들끼리 즐겁게 살아가는 것이 저절로 이루어지는 것인 양 생각하는 경우들이 많다. 하지만 사실은 전혀 그렇지가 않다. 즐겁게 생활하기 위해서는 분명 각별한 노력이 바탕이 되어야만 한다.

'가족' 하면 마치 운명적인 것처럼 생각하기 쉬운데, 이것은 나의 출생 가족을 의미할 때는 맞는 말이다. 그러나 경우에 따라서는 가족을 선택하기도 하는데, 그 대표적인 경우가 배우자 선택과 입양이다. 출생 가족과 같이 운명적으로 이루어진 가족은 태어나는 순간부터 세상은 이런 거구나 하면서 자연스럽게 가족 속으로 동화되어 간다. 그러나 선택으로 이루어진 가족이라면 서로가 서로를 가족의 일원으로서 받아들이는 데 얼마간의 시간이 필요하다. 이것은 가족이 성숙해지기 위해 꼭 필요한 시간이다.

처음부터 시댁식구들과 잘 지낼 수 있을 거라는 생각은 환상에 불과할지 모른다. 선택에 따른 가족, 다시 말해 내가 그 가족의 성원이 되기를 기꺼이 선택한 이상 이제부터 나는 그 가족으로부터 한 성원으로 적절하게 인정받을 수 있어야 한다. 가족 간의 정情은 좋든 싫든 끊임없는 교류를 통해 일어난다. 시댁 식구들과 무슨 일이 있을 때마다 뒤로 물러서서 담을 쌓을 것이 아니라, 실수하거나 때로는 욕을 먹더라도 교류하는 것 자체를 두려워해서는 안 된다. 그래야 정도 쌓이고, 비로소 가족으로 인정받을 수 있기 때문이다. 어차피 극복해야만 하는 시간들이다. 이것은 사위의 경우도 마찬가지다.

'무슨 날' 증후군
─차별대우

미선 씨의 막내 동서는 지방에 산다. 그런데 어쩌다 시댁에라도 들를라 치면, 시어머니의 접대(?)가 이만저만이 아니다. 게다가 시어머니가 챙겨 주시는 음식들은 차에 박스 채로 들어간다. 직장 다니면서 애들 키우느라 얼마나 고생이 많냐며 안타까운 마음에 챙겨 주시는 것들일 게다. 하지만 그것을 지켜보고 있는 둘째 며느리 미선 씨는 심기가 영 편하질 않다. 정작 시어머니와 가까운데 사는 며느리는 미선 씨인데, 기껏 얻어먹어 봤자 팔다 남은 반찬들뿐이기 때문이다. 이것은 시어머니가 오래전부터 재래시장에서 반찬가게를 하고 계신 덕이다.

둘째 미선 씨는 결혼한 지 꽤 됐다. 하지만 아직 아이가 없는 탓에 생활은 비교적 단조로운 편이었다. 남편도 일 때문에 집에 일찍 들어오는 법이 없다 보니, 시어머니가 주시는 반찬조차 매번 남아돌기 일쑤였다. 퇴근 무렵에 가끔 시어머니가 전화를 하시는데, 내용은 언제나 고만고만하다. 저녁에 퇴근할 때 가게에 들러서 이것저것 챙겨 가지고 가라는 것이다. 처음에는 너무 고마워서 꼭 그러마 하고 시장에 들르곤 했는데, 막상 가게에서 힘들게 일하시는 시어머니를 보고는 그냥 지나칠 수가 없다.

미선 씨는 일단 가방을 내려놓고, "앞치마 이리 주세요." 한다. 그러면 시어머니는 "아니다, 얘. 너 피곤한데 어서 들어가서 쉬어라." 하시면서도 일손이 못내 아쉬웠는지, 아니면 하루 종일 장사하는 게 힘에 겨우셨는지 얼른 앞치마를 건네 주신다. 반찬 만들고 난 그릇들을 하나 둘 씻다 보면, 어느새 미선 씨 이마에 구슬땀이 흐른다. 그러니 환갑을 넘긴 나이에 이 무겁고 큰 그릇들을 씻어 옮기는 일이 어디 그리 녹록한 일이겠는가? 어느새 시장 상인들은 제각기 가게를 정리하고 들어간다. 오늘도 미선 씨는 시어머니를 도와 가게 정리하는 것까지 하고 나서야 집으로 돌아올 수 있었다.

미선 씨는 지금까지 단 한 번도 반찬을 그냥 받아 오는 일이 없었다. 맞벌이하는 두 부부가 먹기에는 늘 많은 양이었지만, 그래도 자식들 걱정에 반찬 챙겨 주시는 시어머니의 정성을 생각해서 주머니에 항상 용돈을 꾹 찔러드리곤 하였다. 시장에서 파는 가격으로 쳐도 1, 2만 원은 족히 되는 양이었기 때문이다. 아니, 그보다 나이 예순을 넘기신 분이 집에 가만 있으면 뭐하냐면서 성치 않은 다리로 겨우겨우 하시는 일인데 그냥 반찬만 냉큼 받고 돌아오기가 영 마음에 걸렸기 때문이다. 미선 씨는 덕분에 자연스럽게 용돈(?)을 드릴 수 있게 되어 기꺼운 마음이었다.

이렇듯 시어머니와 미선 씨는 평소에는 사이좋게 잘 지내는 편이었다. 그린 둘째를 두고 시장 사람들은 참 착한 며느리를 두었다면서 입에 침이 마르도록 칭찬을 하곤 했다. 며느리 셋 중에 제일 싹싹하다고도 했던가? 그런데 그런 착하고 싹싹한 며느리의 마음이 갑자기 싸늘하게 식어 버리는 때가 있다. 명절이나 시부모님 생신같이 일 년에 몇 번 안 되는 행사 때가 바로 그때다. 큰며느리는 멀리 지방에서 왔다고, 또 막내며느리는 직장생활하랴 어린 애들 돌보랴 얼마나 고생이 많냐며 두말 않고 반기신다. 그럴 때면 시어머니에게 둘째 며느리는 안중에도 없다.

큰집과 막내네 식구들이 도착하면 차에서 뭔가를 열심히 내리는데, 시어머니께서는 "이게 다 뭐냐?" 하고 물으시지만 알고 보면 다 자기네 옷가방과 애들 장난감들뿐이다. 어쩌다는 오는 길에 샀다며 고구마나 감자, 포도 상자 같은 것들을 들여놓기도 하는데, 부피만 컸지 오랜만에 시댁에 오는 물건(?) 치고는 참 보잘것없는 것들이다. 그런데도 시어머니는 오는 길이 힘들었을 거라며 얼른 들어가 쉬라고 하신다. 미선 씨는 그러는 시어머니가 영 마뜩찮다.

미선 씨는 단지 시댁과 가까이 산다는 이유로 일찍부터 서둘러 시댁으로 간다. 몇 시에 오겠냐는 시어머니의 전화가 부담이 된 이유도 있다. 부랴부랴 장도 보고, 음식 만들 준비를 하다 보니 어느새 점심 때가 지나 버렸다. 게다가 깔끔하게 정리되지 않은 집안을 참지 못하는 그녀가 이번에는 집안 구석구석을 청소하기 시작했다. 이렇게 엉덩이를 땅에 붙일 사이도 없이 하루 종일 힘들게 일하고 있는데, 맏며느리와 막내며느리라는 사람은 뒤늦게 와서 그것도 달랑 먹을 입만 달고 나타난다.

"어머니이~, 그동안 어떻게 지내셨어요?" 어쩌구 저쩌구…….

"동서, 내가 너무 늦게 왔지? 오는데 길이 어찌나 막히던지. 아침 7시에 출발했는데도 이제야 도착한 거 봐." 어쩌구 저쩌구…….

"아이고 형님, 형님이 벌써 다 해 놓으셨네요? 저 오면 같이 하지 그러셨어요?" 어쩌구 저쩌구…….

미선 씨의 귀에 이 두 며느리의 인사치레가 곱게 들릴 리 없다.

오랜만에 만났으니 시어머니랑 할 말도 오죽이나 많으랴. 근데 하는 이야기마다 전부 제 아이들 자랑이다. 아이들 이야기가 대충 바닥이 났을 무렵부터는 갑자기 분위기가 확 바뀌면서 직장생활하면서 아이들 키우는 거 정말 힘들다, 애비가 집안일을 하나도 안 도와줘서 속상하다, 애 돌봐 주시는 분 구하느라고 고생 많았다 등등으로 이어진다. 그러면 시어머니는 또 위로도 했다가, 화도 냈다가, 때로는 다행이다 하시면서 맞장구까지 치신다. 이쯤되면 둘째며느리는 나 몰라라 하면서 형님, 동서와 어울려 이야기 삼매경에 빠진 시어머니까지 미워 보이기 시작한다.

그런데 마지막에 또 한 번 마음 뒤집히는 일이 생긴다. 행사를 마치고 집으로 돌아갈 때의 일이다. 시어머니는 길 멀다고 제일 늦게 왔다가 제일 먼저 떠나는 맏며느리네 차부터 부지런히 채워 넣기 시작한다. 다음은 막내네 차례다. 맏이네에 이어 남은 음식까지 아낌없이 막내네 몫으로 챙기다 보면, 음식을 담은 그릇들은 서서히 바닥을 보이기 시작한다. 곁에서 지켜보고 있던 둘째며느리 보기가 민망했는지, "너는 가까이 사니까 내가 언제든 만들어 줄 수 있잖니. 다음에 만들어 주마. 너무 서운케 생각하지 마라." 하신다. 하지만 이미 마음은 말을 앞서 가고 있다. 맏며느리는 맏며느리라고 챙기고, 막내며느리는 또 막내며느리라고 챙기고. 그 틈에 낀 둘째만 괜히 미운 오리 새끼가 된 듯한 느낌이다.

우리나라 사람들은 착한 것이 곧 미덕이라고 생각한다. 나와 가까이 지내는 사람이 착하면, 나는 무조건 좋다. 그는 뭐든지 내가 원하는 대로 따라 주기 때문이다. 그러나 착하지 않은 사람과 있으면, 반대로 좋을 리 없다. 내가 원하는 대로 상대가 순순히 따라 주지 않기 때문이다. 당하는 사람 입장에서는 당연히 착한 사람이 좋겠지만, 과연 착한 그 사람의 속마음은 어떨까? 나보다 네가 먼저가 되다 보면, 늘 자신의 욕구는 무시되기 마련이다. 아니 그런 것에 익숙해지다 보면 자신이 무엇을 원하는지조차 인식하지 못하는 경우들도 많다.

내가 나를 소중하게 생각하지 않으면, 다른 사람들도 나를 그렇게 생각할 수 있다. 내가 나를 소중하게 생각하지 않는다는 것은 겸손과는 아주 다른 개념이다. 겸손이란 상대방에 비해 나 자신을 낮춤으로써 상대방에 대한 존경을 표현하는 것이지만, 나를 소중하게 생각하지 않는다는 건 자기가치감이 낮은 사람들에게서 나타나는 일종의 열등감이라고 할 수 있겠다. 누군가로부터 착하다는 칭찬을 받을 때, 과연 그러한 나의 행동이 나 자신의 가치감을 떨어뜨리거나 나 자신의 욕구를 무시하고 있는 것은 아닌지 곰곰이 생각해 볼 필요가 있다.

주저하지 말고, 자신의 내면에서 나는 소리에 세심하게 귀 기울일 필요가 있다. 내가 이렇게까지 했는데, 네가 어쩌면 나한테 이럴 수가 있느냐 식의 논리는 실속이 없다. 이미 손해 볼 건 다 손해 보고 난 상태이기 때문이다. 게다가 나중에 따져 봤자 '착한 줄만 알

대부관계의 심리학

았던 며느리가 알고 보니 속 좁더라.' 고 낙인찍힐 수 있다. 대신 내가 먼저 나 자신을 챙겨 보는 것이 좋다. 비록 반대에 부딪치더라도 다음 기회를 노릴 수 있을 테니까. 일은 일대로 하고, 마음은 마음대로 상한다면 나만 손해다. 나 혼자만의 뒷감정을 갖지 않으려면 나도 열심히 챙기고 볼 일이다.

우리는 다르다고요!
-세대차이

　　은경 씨는 대학을 졸업하고도 한참이 지나서야 겨우 직장을 잡을 수가 있었다. 막상 직장생활을 시작하고 보니 개인 시간을 내기가 여간 어려운 게 아니었다. 그러다 보니 이성을 만나 데이트를 하고 결혼 상대를 고를 시간적 여유가 없었다. 게다가 직장에 괜찮은 사람이 있는 것도 아니었다. 그러던 중 아는 분의 소개로 지금의 남편과 만나게 되었다. 그런데 은경 씨는 결혼하기 전에는 미처 몰랐던 것을 깨달았다. 막상 결혼을 하고 보니 배우자를 선택하는 일은 개인의 일생에서 정말 중요한 일이구나 싶었던 것이다. 지금까지 부모님과 산 날들보다 앞으로 이 사람이랑 살아가야 할 날들이 더 길다는 것을 새삼 깨달았기 때문이다.

　　연애 기간을 충분히 갖지는 못했지만, 그래도 몇 번의 만남을 통해 이 남자 정도면 결혼해도 크게 무리가 없을 것 같다는 확신이 들어 결혼을 결정했다. 하지만 막상 결혼을 하고 보니 서로에 대해 모르는 것이 너무 많았다. 그래서 가끔은 별것 아닌 일로 싸우는 일이 종종 있었다. 하지만 그런 싸움은 그리 오래가진 않았다. 그리고 솔직히 처음부터 서로에 대해 잘 알고 시작하는 것보다는, 이런 소소한 부부싸움들을 통해 서로에 대해 조금씩 알아 가는 것도 재미있었다.

은경 씨 부부는 서로의 장래를 위해 아기 갖는 것을 조금 미뤄 두기로 했다. 지금은 둘 다 직장에 다니고 있지만, 앞으로는 대학원에 진학하여 공부를 더 해 보고 싶은 생각들이 있었기 때문이다. 유학을 가고도 싶었지만, 막상 결혼을 하고 보니 이래저래 걸리는 것이 한두 가지가 아니었다. 무엇보다 아기 낳는 것이 문제였다. 은경 씨도 그렇지만, 남편도 이제 어느 정도 나이가 있어 아이 낳는 것을 무작정 미룰 수는 없는 일이었다. 그래서 부부는 우선 당분간 아이 낳는 것을 보류하고 앞으로의 장래에 대해 좀 더 고민해 보기로 했다.

한편으로 은경 씨 부부는 신혼기를 가능한 한 길게 갖고 싶기도 하였다. 연애 기간이 워낙에 짧았던 탓도 있었지만, 아기를 갖고 나면 신혼기는 영원히 돌아오지 않는다는 것을 너무도 잘 알고 있었기 때문이기도 했다. 그렇게 신혼기를 즐기면서 한두 해를 지나다 보니, 이들 부부는 과연 우리 사이에 아기가 꼭 있어야 하는지에 대해 의문을 갖기 시작했다. 이미 태어난 아이들도 우리 사회가 제대로 못 돌보는 현실에서, 꼭 우리 부부 사이에서 아기를 낳아야만 하는 건지 다시 한 번 곰곰이 생각해 볼 필요를 느낀 것이다. 이들 부부는 입양에 대해서도 상당히 개방된 사고를 하고 있었다.

그러나 시부모님의 생각은 이들 부부의 생각과는 확실히 달랐다. 결혼하자마자 만날 때마다 "뭐 좋은 소식 없니?" 하고 물으시는 거였다. 처음에는 그게 무슨 뜻인지 몰라서 은경 씨는 "네? 좋은 소식이요? 무슨 좋은 소식이요?' 하고 되묻곤 하였다. 결혼을 했으면 당연히 임신 소식이 들려와야 하는데, 왜 아직까지 소식이 없느냐는 시어머니의 성화를 은경 씨는 미처 눈치 채지 못했던 것이다. 한 해, 두 해를 기다려도 기다리던 소식이 없자 나중에는 며느리가 혹시 임신하는 데 문제가 있는 건 아닌지 의심하기 시작하셨다.

이쯤 되자 부부는 아기에 대한 자신들의 생각에 대해 부모님께 솔직하게 털어놓을 수밖에 없었다. 그 결과, 부부는 예상했던 것보다 훨씬 높은 벽에 부딪히고 말았다.

"아니, 그게 무슨 소리냐? 애를 안 낳는다고? 그럼 너희 둘 다 돈 벌어서 뭐할래? 자고로 사람이 성숙해지려면 무엇보다 애를 낳아 키워 봐야 하는 거야. 그리고 너희들 이 담에 늙으면 누가 너희들 돌봐 주니? 양로원 들어갈 거야? 애 안 낳아서 나중에 후회해 봤자 아무 소용없어. 나만 손해지. 그리고 도대체 우리 집안의 대는 누가 이을 거니? 어쩌면 너희들은 그렇게 너희들 생각밖에 안 하니? 너희는 나이를 먹고 결혼을 했어도 어른이 되려면 아직 먼 것 같다."

"뭐, 입양? 내 아이도 키우기 힘든데, 남의 아이를 데려다 키운다고? 그게 얼마나 힘든 일인지나 알기나 해? 아니, 아이를 못 낳는 것도 아닌데 도대체 왜 남의 아이를 데려다 키운다는 거야? 그 아이가 누구네 아이인지도 모르면서. 절대 안 된다. 정 데려다 키우고 싶으면 내가 죽고 나서 데려오든지 해라. 난 그런 꼴 보면서 절대 못 산다. 도대체 요즘 애들은 생각이 있는 건지 없는 건지 모르겠다니까……."

이처럼 부모님의 입장은 예상보다 단호했다. 하지만 그렇다고 해서 부부의 라이프스타일을 바꾸는 것 역시 쉽지는 않았다. 아이를 낳아서 키우기 위해서는 부부 모두 엄청나게 많은 에너지와 여러 가지 자원들을 소비해야 하기 때문이다. 자녀를 통해서 삶의 기쁨과 보람, 가치를 느낄 수도 있겠지만, 이건 어디까지나 부부의 선택의 몫이지 부모님이 이래라 저래라 할 일은 아니라는 판단이 들었다. 미국의 유명한 영화배우 부부도 애들을 잘만 입양해서 키우고 있는데, 입양이 뭐가 그렇게 문제가 된다는 말인지 부부로서는 납득이 가질 않는다.

부부는 이번 겨울 크리스마스와 새해가 끼어 있는 연휴에 열흘간의 유럽 여행을 다녀오려고 계획하고 있다. 이 여행은 한 해 동안 열심히 수고하고 노력한 자신들에게 스스로 상을 주는 하나의 의식^{ritual}으로서의 의미가 있다. 그러나 시어머니는 이들 부부의 여행이 한없이 철없게만 느껴진다. 언제 돈 모아서 집 사려고 저러나, 장차 아이 한둘 낳아 먹이고, 입히고, 가르치려면 지금 이렇게 한가할 때가 아닌데……. 시어머니의 깊은 걱정이 은경 씨 귀에 쟁쟁하게 들려온다. 하지만 아무리 말씀드려도 세대 간의 견해 차이를 극복할 길이 없다. 저희, 그냥 이대로 살게 해 주세요!!! 네?

시간이 지나면 변하는 것들은 참 많다. 사람들은 나이를 먹고, 거리의 모습은 계절마다 변하며, 시작이 있는가 하면 어느새 끝이 보이고, 새로 태어나는 이가 있는가 하면 영원히 사라지는 이도 있다. 가족들이 살아가는 모습도 이와 마찬가지다. 우리가 결혼했을 때는 이러이러하게 살았었는데, 지금 결혼하는 이들은 그때의 우리들 모습과는 영 딴판이다. 이것은 당연한 일이다. 시간이 지나고 사회가 변하는데, 가족의 라이프스타일이 옛 모습 그대로 유지될 리 없다.

세월을 한참 지나온 부모님들은 젊은 세대들의 결혼생활의 방식을 이해하는 데 어려움이 있을 수 있다. 결코 세월의 흐름과 변화를 잊고 있는 것이 아닌데도 불구하고 말이다. 이는 중요함에 대한 기준, 가치로운 것에 대한 기준이 서로 다르기 때문이다. 은경 씨 부부의 경우처럼 자녀를 낳아 키우면서 생의 보람을 느껴 가기보다는 부부의 삶 자체를 즐기고 싶어하는 부부들이 부쩍 늘었다. 그도 그럴 것이 요즘에는 자녀 하나 낳아 키우는 데 들어가는 비용^{cost}이 키우면서 얻는 보상^{reward}보다 훨씬 크기 때문이다.

그러나 가족의 삶을 한 바퀴 지나오신 부모님이 혹 결혼이나 가족생활에 대해 조언을 하신다면, 이것을 그냥 세대차이쯤으로 간주하고 간단히 무시해 버리지 말기를 바란다. 신세대의 새로운 가치관이 인류에게 어떤 결과를 가져올지 아직은 아무도 모르기 때문이다. 라이프스타일과 관련해서 우리에게 주어진 선택권은 과거보다 훨씬 다양해졌다. 그만큼 신세대 부부들은 어떤 선택의 기로에서 무엇을 택할 것인지에 대해 신중해지지 않으면 안 된다. 그러한 선택과 관련해서 부부의 생각이 확고하다면, 이제 남은 일은 부모님 세대를 설득하는 일이다. 라이프스타일에는 옳고 그른 것이 없다. 이제 부부가 그렇게 하기를 선택하느냐, 그렇지 않느냐의 문제만 남아 있을 뿐이다.

콩나물 무치는 방식
-생활방식의 차이

어느 날 퇴근하면서 잠시 시댁에 들른 진영 씨는 부엌에서 일하시는 시어머니께 인사하러 들어갔다.

"뭐하세요, 어머니?"

아직은 시어머니한테 살갑게 다가가기 어색한 결혼 초년생 진영 씨는 시어머니와 친해지려고 애써 노력하는 중이다.

"아이고, 너 왔구나. 저녁에 콩나물이나 무쳐 먹을까 하고 지금 콩나물 삶고 있던 중이다."

그 말을 들은 진영 씨는,

"이리 주세요, 어머니. 제가 할게요." 하며 선뜻 나섰다. 막내 며느리로 결혼한 진영 씨는 직장생활하시는 형님을 돕느라 늘 부엌을 벗어나지 못하시는 연로하신 시어머니가 안타깝기만 했다. 그래서 틈만 나면 뭐든 시어머니를 도와드려야겠다고 생각해 왔던 터였다. 그런데 삶은 콩나물을 건져 놓고 보니 시어머니에 대한 안타까운 마음은 둘째 치고 도대체 양념을 어떤 순서로 넣어야 하는지 도대체 생각이 정리되질 않는다. 게다가 시댁에서는 콩나물을 어떻게 무쳐 드셨는지도 모르겠고.

진영 씨는 이제 막 살림을 시작한 새내기 주부인 데다가, 결혼 전에도 공부한다는 명분으로 친정에서 부엌 살림 한 번 제대로 나서 본 적이 없었다. 중학교 가사시간에 칠판에 적힌 콩나물 무치는 방법을 바라보면서 실습을 했던 기억마저 절실하게 아쉬운 순간이다. 순간적으로 당황한 새댁은 덥석 잡은 콩나물 그릇을 마냥 붙들고 있을 수는 없기에, 에라 모르겠다 하고 이것저것 양념을 넣어 가며 맛을 보기 시작했다. 이렇게 맛보다간 상에 오를 콩나물이 한 젓가락밖에 안 되겠다 싶은 생각이 들자 쿡 하고 웃음이 새어 나왔다. 그것도 잠시, 곁에서 지켜보고 계시던 시어머니께서 한 말씀하신다.

"너는 콩나물 무칠 때 고춧가루를 넣지 않는구나?"

"아, 네……. 저희 집에서는 이렇게 먹는 것 같던데."

사실 친정에서 콩나물 무칠 때 고춧가루를 넣는지 안 넣는지 잘 기억이 나질 않는다. 먹는 데 바빠서 그랬는지, 음식 만드는 데 관심이 없어서 그랬는지, 솔직히 유심히 보지 않았던 게 사실이다. 그런데 막상 고춧가루 넣는 것을 잊어버리고 나니 마땅히 할 말도 없고 해서 대충 상황을 얼버무리고 있는데 또다시 시어머니의 말씀이 이어진다.

"그래? 어디."

하시면서 맛을 보시는데 반응이 영 시원치가 않다. 그릇을 건네받은 시어머니는 더 이상 말이 없었지만, 진영 씨 귀에는 '아니, 콩나물 하나 제대로 못 무치면서 시집을 온 거니? 그래가지고 어디 네 남편 밥이나 얻어먹고 살겠냐?'는 시어머니의 꾸지람 소리가 들려오는 듯했다.

　맞벌이 부부인 진영 씨 부부는 남편이 회사일로 늦게 퇴근하는 통에 집안일은 늘 진영 씨 혼자만의 몫이 되어 버린 지 오래다. 반찬이라는 것도 누구한테 배울 틈도 없이 그저 하루하루 때우는 식이었다. 그러니 결혼 10년이 되어 간다 한들 음식 솜씨가 나아질 리 없다. 책꽂이의 요리책은 한낮 그림의 떡일 뿐, 저녁 준비하고 상 치우고 아이 챙기고 다음 날 준비까지 하고 나면 침대가 꺼져라 몸을 들이박고 곯아떨어지기 일쑤다.

　"다른 건 못해 줘도, 김치는 꼬박꼬박 해 주마."

　"시어머니 힘드시니, 이번엔 엄마 김치 갖다 먹어라. 네 몫으로 김치 해 놨다."

　맞벌이하는 딸과 며느리를 위해 두 어머니는 김치 챙기느라 늘 분주하셨다. 솔직히, 김치 담그기 경력이 일천한 내 김치보단 두 어머니의 김치 맛이 훨씬 좋을 수밖에 없는 건 당연하다. 덕분에 진영 씨 부부는 늘 맛있는 김치를 사시사철 맛볼 수 있었다. 하지만 가끔은 자신의 김치 실력을 검증해 보고 싶을 때가 있다. 생뚱맞은 일이다.

　어느 일요일, 드디어 진영 씨는 모처럼 큰맘 먹고 '김치 만들기'에 도전해 보기로 했다. 남편과 아이는 거실에서 텔레비전을 보며 게으름을 피우고 있고, 진영 씨는 앞치마를 두른 채 배추와 열심히 씨름하고 있다. 맞벌이하는 여자들은 전업주부의 삶이 부러울 때가 가끔 있다. 진영 씨는 지금 김치를 담그면서 전업주부들처럼 '소박한 행복'을 즐기고 있는 중이다.

　드디어 공들여 만든 김치 하나 덜렁 놓고 진영 씨는 저녁 상차림을 마쳤다. 진영 씨는 직접 만든 김치를 가족들에게 내놓는 자신이 무척 자랑스럽고 뿌듯하기까지 했다. 그래서 그랬는지 남편의 김치에 대한 평가가 내심 기다려지기도 하고 설레기도 하였다. 진영 씨는 이제나저제나 남편의 젓가락이 김치로 향하기만을 기다리고 있는데, 남편의 젓가락은 좀처럼 새로 만든 김치로 향할 기미가 보이지 않는다. 진영 씨는 더 이상 참지 못하고 남편에게 물었다.

"이 김치 한 번 먹어 봐. 내가 오늘 정성 들여 만든 거야."

"으응…….."

"뭐가 그래? 한 번 맛보래도?"

"으응……. 맛없을 거 같아."

"아니, 손도 안 대 보고 맛이 없다니? 뭐가 그래?"

"으응, 색깔 보면 다 알아."

대인관계의 심리학

시어머니의 맛깔스런 음식 맛에 오랫동안 익숙해져 온 진영 씨 남편은 형제 중에서도 유독 맛에 민감하다. 그런 입맛에 진영 씨의 음식 솜씨를 칭찬할 리 없다. 콩나물 무치는 거, 김치 맛 하나에도 이렇듯 차이가 나는데, 도대체 언제쯤 되어야 두 집안이 한 집안처럼 어우러질 수 있을지 진영 씨는 내심 궁금하기만 하다.

가족을 운명적인 집단이라고 말할 때의 가족은 바로 원가족^{family of} origin을 말하는 것이다. 원가족이란, 배우자를 선택해서 결혼을 하기 전까지 함께 생활하는 나의 첫 가족인 셈이다. 원가족에서의 모든 경험은 내 삶의 상당 부분을 지배한다. 입맛이나 습관 같은 것들에서 가치관이나 삶의 목표까지도 그러하다. 생텍쥐페리의 소설 『어린왕자』에서 언급되었던 '길들이다' 라는 것이 꼭 그와 같다. 우리 대부분은 원가족 구성원들에게 길들여지거나 익숙해져 있게 마련이다.

그러나 결혼을 하고 난 후에도 자신이 길들여져 온 대로 서비스를 받으려는 과정에서 진영 씨네와 같은 갈등이 생겨날 수 있다. 아내는 어머니가 아니며, 남편 또한 아버지가 될 수 없다. 그럼에도 불구하고 부부는 아내에게서 어머니를 요구하거나, 남편에게서 아버지의 모습을 발견하기를 원한다. 아내는 어디까지나 아내일 뿐 결코 어머니가 될 수 없으며, 남편도 남편일 뿐 결코 아버지와 같을 순 없다. 부부는 지금까지 길들여지고 익숙해진 것에 연연해하기보다 새롭게 길들여지고 익숙해지기 위한 노력을 기울여야만 한다.

한편, 변화는 발전을 의미하기도 하지만 적응해 나가는 과정에서 여러 가지 스트레스를 받기도 한다. 결혼은 두 사람의 사랑을 한층 더 성숙하게 한다. 그러나 결혼이 가져온 생활환경의 변화는 신혼의 부부관계를 크게 위협할 수 있다. 그러므로 부부夫婦에게는 가능한 한 서로의 원가족 문화에 대해 충분히 이해하려는 자세가 필요하다. 비록 서로의 원가족 문화에 다소 받아들이기 힘든 부분이 있을지라도, 배우자의 원가족 문화를 존중하고 새롭게 체험해 보려는 따뜻한 배려가 필요하다. 두 가족의 문화적 전통이 보다 생산적인 방식으로 통합될 때, 부부의 사랑은 더욱더 깊어질 수 있다.

너는 내 운명, 그러나 운명의 대가
－수용하기

    소연 씨는 결혼 전에 남자들에게 꽤 인기가 많은 편이었다. 아담한 체구에 이목구비가 뚜렷한 소연 씨는 한눈에 보기에도 사람들의 시선을 끌기에 충분했다. 대학 3학년이 막 끝나갈 무렵, 친구의 소개로 같은 대학에 다니고 있던 지금의 남편을 만났다. 솔직히 그때만 해도 여러 명의 남자들이 귀찮을 정도로 쫓아다녀서 처음에는 별반 내키지가 않았다. 게다가 쫓아다니는 남자들마다 선물이다 꽃이다 하고 내미는데, 이번에 소개받은 남자는 그와 반대로 말도 별로 없고 때로는 투박하다는 느낌마저 들었다. 하지만 그런 그의 태도가 오히려 신선하게 다가온 걸까? 소연 씨는 시간이 지날수록 소개받은 남자에 대해 점점 더 관심을 갖기 시작했다.

    그 후 소연 씨는 부산이 고향인 이 남자와 본격적으로 사귀기 시작하였다. 하지만 둘 다 취업 준비로 만날 시간조차 없었다. 그러면 그럴수록 두 사람 관계는 더욱 애틋하기만 하였다. 소연 씨는 대학을 졸업하자마자 조그마한 중소기업에 취업할 수 있었다. 취업이 한창 어려운 시기였지만, 미리 전공을 포기하고 취업을 위해 컴퓨터 관련 기술을 익혀 두었던 덕택이었다. 직장에서도 소연 씨의 인기는 대단했다. 업무 능력도 누구 하나 나무랄 데 없이 척척 해냈지만, 눈에 띄는 외모도 인기에 한몫했기 때문이다.

소연 씨 뒤를 이어 남자친구도 곧 취직을 하였다. 둘 다 직장에 자리를 잡고 보니 남자 쪽에서 은근히 결혼을 재촉하는 눈치였다. 게다가 그들의 데이트는 바쁜 와중에 겨우 틈을 내어 견우와 직녀 만나듯이 이어지다 보니, 이런 데이트에 두 사람도 점점 지쳐 가고 있었다. 드디어 두 사람은 양가에 인사를 드리고 결혼을 허락받기로 결정하였다.

먼저 남자친구의 부모님이 살고 계신 부산으로 내려갔다. 잔뜩 긴장한 채 현관 앞에 들어선 소연 씨를 보고 남자친구의 어머니는 대뜸 말부터 놓으셨다. 어머니 편에서는 스스럼없이 대하려는 것이었겠지만, 무엇보다 소연 씨는 첫 대면부터 툭툭 말을 던지는 걸 도저히 이해할 수가 없었다. 아무리 며느리가 될 사람이라도 그렇지 어떻게 처음부터 말을 놓을 수 있단 말인가? 게다가 기차 타고 먼 길을 내려가서 그랬는지 소연 씨는 무척 피곤했다. 배고프겠다며 미리 준비해 두신 저녁상을 둘러보니 눈이 휘둥그리질 정도였다. 하지만 소연 씨는 영 입맛이 당기질 않았다. 몸 상태가 안 좋은 것도 있었지만, 부산에 워낙 해산물이 흔하다 보니 소연 씨가 잘 못 먹는 여러 가지 생선회들이 즐비하게(?) 놓여 있었기 때문이다.

긴장과 눈치로 범벅이 된 채 조심스럽게 식사를 하고 있는데, 그런 모습이 영 마땅치 않았는지 예비 시어머니는 더 이상 참지 못하고 입을 열고 말았다.

"이렇게 퍽퍽 먹어야 살이 찌지! 그렇게 깨작깨작 먹어 가지고 회살 어떻게 다니노?"

그러시면서 소연 씨 수저 위에 생선회를 덥석 올려놓는 것이었다. 막 입에 넣으려던 수저 위에 고추장이 듬뿍 발린 횟감을 보고 소연 씨는 기겁하지 않을 수 없었다. 이를 보다 못한 남자친구가 거든답시고,

"엄마, 소연이 회 못 먹어요……."라고 말해 버렸다.

그랬더니 벌써부터 여자 편든다, 그저 아들은 품 안에 있을 때뿐이지 다 소용없다, 이 음식 장만하느라 내가 얼마나 고생했는지 아느냐, 지들 생각해서 준비한 것인데 아무리 그래도 그렇지 어떻게 젓가락 한 번 안 대 보느냐 등등 험난한(?) 이야기들이 마구 쏟아져 나왔다. 조금만 더 계속됐더라면 소연 씨는 아마 눈물을 와락 쏟았을 것이다.

결혼하고 나서 이런 일도 있었다. 소연 씨보다 두 살이나 어린 손위 형님이 있는데, 집에서 살림만 해서 그런지 부엌일이 몸에 밴 듯하였다. 명절 때나 부모님 생신 때가 되면 시댁에 오기가 무섭게 부엌으로 척 들어서서 음식을 준비하는데, 음식 솜씨며 일하는 품이 과히 예사롭지 않았다. 게다가 딸만 일곱인 집 막내라서 그런지 붙임성도 좋았다. 그래서인지는 몰라도 소연 씨에게는 무섭기만 한 시어머니의 비위를 떡이라도 주무르듯 잘도 맞추어 나갔다.

하지만 소연 씨 사정은 이와는 영 딴판이었다. 우선 시댁만 가면 모든 식구들이 마치 서로 싸우는 것처럼 큰 소리로 이야기하는 통에 소연 씨는 늘 겁에 질렸다. 그러다 보니 식구들 말이 제대로 들릴 리 없었고, 실수하고 당황하는 일은 점점 많아지게 되었다. 그

것만으로도 깔끔한 성격의 소연 씨 자존심을 상하게 하기에 충분했다. 게다가 직장에서는 누구보다 잘나가는 소연 씨였지만, 집안에서는 도대체 할 줄 아는 게 별로 없었다. 가뜩이나 나이 어린 형님한테 존댓말 쓰는 것도 자존심 상해 있는데, 이제는 부엌에만 들어가면 그런 형님 밑에서 빌빌거리며 비위를 맞춰야 하는 자신이 한심하기 짝이 없었다.

시댁에 한 번 다녀오고 난 뒤면 소연 씨는 몇 시간 동안이나 대성통곡을 했다. 도시에서 어려움 모르고 곱게 자란 소연 씨에게는 좀처럼 견디기 힘든, 그야말로 서럽디 서러운 시집살이였던 것이다. 그런 모습을 지켜보면서 착한 남편의 마음은 또 얼마나 안타까웠으랴. 그럴 때마다 남편은 조금만 더 당차게 버텨 달라고, 시간이 지나면 훨씬 괜찮아질 거라고 통곡하는 아내를 다독거려 주곤 하였다. 하지만 그런 남편의 기대와는 달리 아내는 점점 더 지쳐만 가고 있었다.

이제 소연 씨는 어느 정도 마음을 정리하였다. 시댁과의 이 풀 수 없고 서러운 관계에서 벗어나기 위한 유일한 방법은 남편과의 결혼생활에 종지부를 찍어야 한다는 사실이다. 물론 남편을 사랑하지 않는 것은 아니다. 그렇기에 소연 씨 마음도 결론 앞에서 착잡하기만 할 뿐이다. 하지만 소연 씨는 잘 알고 있다. 남편과 이혼을 하지 않고는 결코 시댁 식구들과 절대로 끊어질 수 없다는 사실을. 남편을 사랑한 대가로 소연 씨는 지금 너무나 막대한 비용을 지불해야만 하는 상황에 있다.

우리가 누군가에게 호감을 갖게 되는 계기는 그 사람이 나와 다른 점을 가졌을 때다. 내성적인 사람은 활동적인 사람에게 호감을 느낄 것이고, 매사에 완벽을 기하려는 사람은 상대방의 실수가 오히려 매력적으로 보일 수 있다. 그러나 이러한 차이점은 두 사람 사이를 멀어지게 하는 갈등의 원인이 되기도 한다. 이런 이유로 가족학자들은 근접성proximity과 유사성similarity이 결혼 가능성을 훨씬 증가시킨다고 말한다. 그러나 이러한 '다름'을 잘 활용한다면 부부의 삶은 훨씬 더 흥미진진해질 수 있다. 문제는 그러한 '다름'을 사람들이 잘 다룰 줄 모른다는 데 있다.

서구의 가족에게 '민족성ethnicity' 만큼 중요한 이슈는, 우리나라의 '지방색(?)'에 견주어 볼 수 있을 것이다. 우리나라는 결코 크다고 할 수 없을 만한 면적이다. 그런데도 각 지방마다 독특한 문화적 특색을 가지고 있는 것이 특징이다. 그리고 이러한 문화적 특색에 노출되지 못한 채 주로 한 지역에서만 성장한 사람들이 많다. 그런데 이들은 결혼을 계기로 다른 지방의 문화적 특색에 노출되면서 문화적 충격(?)을 받기도 한다. 당연한 일이다.

인간관계 안에는 적어도 한 명 이상의 사람이 포함된다. 따라서 인간관계가 원만하기 위해서는 상대방에 대한 배려가 필요하다. 배우자가 나와 다른 곳에서 나고 자랐다면, 결혼 전부터 꾸준하게 내가 나고 자란 지역의 특색을 이해할 수 있도록 돕는 것이 필요하다. 부모님이나 형제자매들에게도 배우자가 나고 자란 환경에 대해

고부관계의 심리학

충분히 이해할 수 있도록 설득시키는 것이 좋다. 어떤 문화를 두고 주관적으로 평가하는 것은 적절치 않다. 손바닥의 양면과 같이 긍정적인 면과 부정적인 면이 있기 때문이다. 가족 안에서 심각한 문화적 충돌(?)이 일어나기 전에 미리 손쓰는 게 현명하지 않을까?

결혼에 관한 두 가지 입장
-떠나 보내기

'결혼' 은 남녀 간의 사랑이 특정한 예식(즉, 결혼식)을 통해 '부부됨^{couplehood}' 으로 완성되는 과정이다. 따라서 결혼을 하면 남성에게는 '남편' , 여성에게는 '아내' 라고 하는 새로운 지위가 생겨난다. 하지만 남편, 아내라는 지위 외에도 사위-형부-고모부, 며느리-동서-큰어머니와 같은 지위들이 생겨나며, 또 각각의 지위에 해당하는 역할을 수행하도록 사회적으로 압력을 받는다. 이와 같이 '결혼' 은 꼭 그 당사자들에게만 한정하여 변화를 가져오는 것이 아니라, 결혼에 참여하는 양쪽 집안 모든 친인척들에게까지 변화가 확대되어 나타나는 것이다.

92

"만나자마자 서로에 대해 호감을 갖게 된 데다가, 동생 결혼 문제로 부모님께서 제 결혼을 서두르셨어요. 그래서 낭만적인 데이트를 할 틈도 없이 곧바로 결혼식 준비에 들어갔죠. 갑작스럽게 결정된 일이어서 정신은 좀 없었지만, 다들 결혼은 원래 그렇게 시작하는 거라고 하시길래 그냥 그런가 보다 했어요. 저희는 결혼 준비 그 자체가 데이트였던 셈이죠. 그땐 그게 참 재미있고 애틋했어요."

하지만 그렇게 시작한 여정 씨 부부는 요즘도 신혼다운 신혼생활을 즐기지 못하고 있다. 무엇보다 하루의 1/3 이상을 직장에서 소비하고 있다는 게 가장 큰 이유였다. 6시에 퇴근이라고는 하지만 어디 6시 정각에 맞춰 끝나는 일이 있는가? 점심시간이나 회의 후 잠시 한가한 틈을 타 문자도 보내 보고 전화도 걸어 보지만, 그것만으로는 서로에 대한 애틋한 감정을 나누기에 역부족이었다. 이런 걸 두고 늦게 배운 도둑질에 시간 가는 줄 모른다고 했던가. 데이트 기간이 너무 짧았던 탓인지 이 부부는 유난히 둘만의 시간을 갖고 싶어 했다.

이 부부가 신혼을 즐길 수 없는 또 다른 이유는 퇴근 무렵이면 어김없이 걸려 오는 시어머니의 전화 때문이었다.

"오늘도 일 많았니? 수고 많았다. 힘들었지? 저녁에 무슨 약속 없으면 집에 들러서 저녁이나 먹고 가라. 아범한테도 전화해서 집으로 오라고 하고. 오늘 걔 좋아하는 갈비찜 해 놨다. 너도 많이 피곤할 텐데, 집에 가서 저녁 차리고 뭐하다 보면 쉬지도 못할 거 아니니? 너 주려고 김치도 좀 담가 놨다."라고 하신다. 처음에는 이렇게까지 신경 써 주시는 시어머니가 눈물 날 정도로 고마웠다. '고부갈등' 이니 '시집살이' 니 하는 것들 때문에 은근히 걱정하고 있었는데, 적어도 여정 씨만큼은 그런 일로 고생할 일이 결코 없을 것만 같았다. 솔직히 시부모님은 여정 씨가 첫며느리이자 외며느리여서 그랬는지 참 예뻐하고 아껴 주셨다. 무엇보다 여정 씨 입장에서 어려운 일들을 먼저 알아서 헤아려 주시니 그저 감사할 따름이었다.

그런데 이런 일들이 계속되면서 여정 씨 마음에 말 못할 어려움들이 하나 둘씩 늘어 갔다. 시어머니는 저녁밥 먹고 있는 아들의 얼굴을 들여다보며 여기가 야위었네, 저기가 야위었네 하신다. 뿐만 아니라 은근히 아내의 역할을 점검하기도 한다. 이를테면 "아침은 꼬박꼬박 먹고 나가니?"부터 해서 "이번 달에 월급은 얼마나 탔니? 그래 저금은 좀 했니?"까지 이어진다. 이쯤 되면 곁에서 듣고 있던 며느리도 심기가 영 편하질 않다. 도대체 누가 아내이고 누가 어머니인지 구분이 가질 않는다.

시어머니가 애써 담그셨다는 김치 통을 들고 나서는 시간은 보통 밤 10시를 훌쩍 넘긴다. 운전하고 집에 가서 집안 정리하고 씻고 나면, 정신없이 곯아떨어지는 것이 부부의 일상이 되어 버렸다. 주말에도 크게 다를 게 없다. 어디 잔칫집이 있는데 너희도 가서 인사라도 드려야 하지 않겠니, 뭐 좀 사러 가야 하는데 젊은 사람들이 안목이 있으니 같이 갔으면 좋겠다, 시골엘 가야 하는데 교통이 불편하니 차로 좀 데려다 줄 수 있겠느냐, 심지어 그동안 우리 때문에 고생이 많았으니 오랜만에 외식이나 하자 등등 부부의 주말을 한시도 가만히 내버려 두는 적이 없었다. 그러다 보니 여정 씨는 점점 결혼생활에 대한 회의감이 들기 시작했다. 도대체 나의 결혼생활은 어디로 갔단 말인가?

하루는 남편과 이 일을 두고 심각하게 토론을 벌였다. 나는 도저히 이대로는 살지 못하겠다, 도대체 우리 둘만의 시간이 없다, 나는 당신의 아내이므로 당연히 남편을 위해 못하는 반찬이라도 직접 만들어 보고 싶다. 주말에는 장도 보러 가고 집안도 좀 정리하고 늦잠도 자고 싶고 게으름도 피우고 싶다, 하지만 어머님은 우리에게 그럴 틈을 주지 않는다, 내가 당신이랑 결혼을 한 건지 시어머니랑 결혼을 한 건지 정말 모르겠다. 그러니 나랑 같이 살려면 나와 시어머니 둘 중에 하나를 선택하라고 했다.

남편도 중간에서 참 어려울 거라는 점을 모르는 건 아니다. 하지만 그렇다고 언제까지 참고 살 수만은 없는 일이기에 여정 씨는 그동안 마음속에 담아 두었던 말들을 여과 없이 토해 냈다. 특히 그럴 것이 남편이 나랑 같은 생각을 하고 있는 듯싶다가도 어느새 어머니의 손맛, 어머니의 애정 표현에서 벗어나지 못하고 있다는 생각이 들었기 때문이기도 하다. 예상과는 달리 남편의 반응은 의외로 담담했다. 남편은 자기도 그런 생각을 안 한 게 아니다, 하지만 맏아들에 외동아들이다 보니 어머니의 관심과 애정이 좀 지나쳤을 것이라고 했다.

그러던 어느 날, 남편도 더 이상은 안 되겠다 싶었는지, 저녁 먹던 숟가락을 내려놓고 이것저것 캐묻는 시어머니에게 단호하게 말했다.

"어머니, 이제 퇴근 때마다 전화해서 집에 들러라 마라 하지 마세요. 이제 저희도 저희 나름대로의 생활이 있어야 하잖아요. 주중에도 그렇고 주말에도 그렇고, 도대체 시도 때도 없이 오너라 가너라 하는 통에 저희 집은 사람 사는 집이 아니라니까요? 잠만 자는 하숙집이에요, 하숙집. 또 밥은 먹었니, 저축은 했니 하면서 궁금해하지도 마세요. 저희들 결혼한 성인들이잖아요. 어머니 일일이 걱정 안 하셔도 다 알아서 하고 있다고요."

남편은 저도 모르게 그동안 쌓였던 말들을 마구 쏟아 놓았다. 아마 그런 일들로 그동안 아내에게도 적잖이 미안했던 모양이었다. 잠시 적막이 흐르는가 싶더니, 이윽고 시어머니는 북받쳐 오르는 울음을 참지 못하고 안방으로 들어가 버리셨다. 시아버지도 이게 무슨 일인가 싶어 얼른 안방으로 따라 들어 가셨다가, 서럽게 울어대는 당신 아내의 모습을 보고 있자니 울컥 화가 치미셨던 모양이다. 들어가신 지 얼마 지나지 않아 "당장 너희 집으로 돌아가라." 하시며 역정을 내셨다. 시아버지는 네 어머니 마음을 그렇게도 모르겠냐, 너희도 자식 낳아 키워 봐야 어미와 아비 마음을 알 것이다 하시며, 결국 끝내 섭섭한 감정을 드러내고 말았다.

여정 씨는 지금도 남편이 좀 흥분해서 말하기는 했지만 시어머니에게 절대 틀린 말을 한 것은 아니라고 생각한다. 다만 자신이 직접 말씀드리는 게 낫지 않았을까 싶어 후회되는 점은 있다. 괜히 모자 사이만 험악해진 건 아닌지 은근히 걱정이 앞선다. 아무튼 일단 일은 벌어지고 말았다. 앞으로 이 난국을 어떻게 헤쳐 나가야 할지 여정 씨는 여전히 머리가 복잡하기만 하다.

고부관계의 심리학

결론부터 말하자면, 결혼의 주인공은 새롭게 부부관계를 맺은 남녀 두 당사자들이다. 아침 식사는 국과 밥으로 할 것인가, 빵과 우유로 할 것인가? 아이를 낳을 것인가, 말 것인가? 낳는다면 몇 명을 낳을 것이고, 또 언제쯤 낳을 것인가? 한 달에 저축은 얼마나 할 것인가? 맞벌이는 계속 할 것인가? 주말은 어떻게 보내고, 시댁/본가나 친정/처가에는 얼마나 자주 갈 것인가? 신혼부부는 두 사람이 부부로 함께 살아가기 위해 필요한 여러 가지 규칙들을 만들어야 할 책임이 있다. 이러한 규칙은 당연히 두 사람이 결정해야 한다.

그러나 때로는 시댁이나 처가에서 부부의 규칙 만들기에 적극적으로 개입하는 경우들이 있다. 어른들의 입장에서는 이제 막 결혼한 자녀 부부가 이래저래 걱정이 되어서 그러겠지만, 정작 자녀 부부는 부모님의 도움을 부담스럽거나 때로는 거추장스럽게 느낄 수 있다. 자녀들이 도움을 요청하기 전까지 부모의 도움은 가능한 한 자제하는 것이 필요하다. 이것을 잘 모르면 나는 나대로 저희들 생각해서 그러는데, 정작 그네들은 저희들 입장만 앞세워 부모 마음을 섭섭하게 할 뿐이다.

신혼이 무조건 달콤한 건 아니다. 부부 두 사람만의 생활에 적응하기 위해서는 얼마간의 격동기(?)가 필요하다. 마찬가지로 부모들도 자녀의 결혼에 적응하는 시간이 필요하다. 부모가 미처 마음속에서 자녀를 떠나 보내지 못했는데, 결혼했으니 이제 우리 문제는 우리가 알아서 하겠다고 나온다면 가뜩이나 허전한 부모 마음에 대못을 박는 격이 될 것이다. 부모님이 상처받지 않도록 좀 더 친절하고 부드러운 독립 선언(?)을 연습해 보자.

"걸음마를 배우기까지 넘어지고 쓰러지는 모습을 보면서, 자녀들에 대한 부모님의 관심과 염려가 매우 크셨을 것으로 짐작됩니다. 지금 저희 두 사람은 부부로서 이제 막 걸음마를 배우기 시작하였습니다. 저희를 바라보는 부모님의 관심과 염려가 크실 줄은 알지만, 처음 걸음마를 배울 때와 같은 심정으로 멀리서 지켜봐 주시기를 부탁드립니다."

며느리의 첫 반란
ㅡ인내 vs 도전

　　성경에서는 부모에게 순종하라고 가르치고 있다. '순종'은 무슨 뜻일까? 거역하는 일 없이 순순히 따른다는 뜻일 게다. 그렇다면 우리가 순종할 수 있는 사람은 과연 어떤 사람일까? 우리 부모(혹은 시부모)는 내가 기꺼이 순종할 수 있을 만큼 완벽한 대상인가? 서로가 서로에게 순종할 수 있는 관계처럼 돈독한 인간관계는 없을 것이다. 특히 부모와 자녀의 관계가 상호 순종적이라면, 그보다 더 이상적인 관계는 있을 수 없다. 그러나 순종을 강요하기 전에 내가 과연 누군가로부터 순종하도록 할 수 있는 사람인지를 점검해 보는 것이 필요하다.

　　성경의 가르침이 그러하고 순종이 전통적인 미덕이라고는 하나, 과연 요즘 세상에 어느 며느리가 시부모 말에 순종할 지는 가히 의문스럽다. 시어머니는 어디까지나 시어머니일 뿐 결코 친어머니가 될 수 없는 탓에, 시어머니가 하는 일마다 마땅찮거나 억울하고 분한 일을 당해도 쉽게 마음을 털어놓을 수 없는 것이 문제다. 하지만 이런 감정을 꾹꾹 눌러 참다 보면 며느리도 언젠가는 한계에 도달할 것이고, 그러던 어느 날엔가 그동안 쌓였던 감정들이 한꺼번에 폭발하고 마는 것이다.

며느리의 느닷없는 폭발은 시어머니를 당황하게 한다. 지금까지 별 문제없이 잘 지낸다 싶었던 것은 시어머니가 며느리의 존재를 너무 쉽게 생각했기 때문이다. 억제하지 못하고 한꺼번에 쏟아 내는 며느리의 말을 듣고 보니, 그동안 마음속에 쌓아 두었던 불만들이 한두 가지가 아니다. 이 순간, 시어머니 입장에서는 오히려 며느리에게 배신감마저 느낀다. 아니 그동안 싫다 좋다 말 한마디 없어서 요즘 애들답지 않게 며늘애가 참 착하다 싶었는데, 마음속에 나에 대한 원망을 저렇듯 높게 쌓아 두었단 말인가? 사람에 대한 신뢰는 쌓기도 힘들지만, 그것을 잃는 것 또한 순식간에 일어나는 법이다.

시어머니와 함께 살던 형님네가 새 아파트를 분양받으면서 경제적인 문제로 잠시 작은 집으로 전세 가야 할 상황이 되었다. 그런데 이사 갈 집이 너무 작아 시어머니와 시누이까지 그 작은 집으로 들어갈 수 없다는 것이 문제였다. 분양받은 새 아파트로 이사한 후에 다시 시어머니를 모시겠다는 말은 단 한마디도 없이, 그저 유정 씨에겐 어떻게 하면 좋겠냐는 말만 이래저래 들려왔다. 만일 시어머니와 시누이가 경제적으로 분가할 만한 능력이 없다면, 둘째네인 유정 씨가 자동적으로 모셔야 하는 상황이기 때문에 유정 씨는 은근히 걱정을 하지 않을 수 없었다. 하지만 둘째 유정 씨네는 한 번도 이런 이야기를 직접적으로 들은 적도 없고, 또 누구 하나 이 문제로 의논하자는 사람도 없었던 차였다.

이제나저제나 누가 이 말을 꺼낼까 싶어 내심 기다리던 중에,

친정어머니와 이 문제를 두고 이런저런 이야기를 나누고 있었다. 이 말을 듣고 난 친정어머니의 반응은 유정 씨에게는 좀 의외로 들렸다.

"지금은 시어머니랑 별 무리 없이 지내는 것 같아도, 함께 살다 보면 어려운 일은 얼마든지 있을 수 있다. 자칫 잘못하다가는 잘 지내던 사이도 은연중에 멀어질 수 있어. 그러니 너무 쉽게 생각하지는 말아라. 그리고 시어머니를 모시려면 정 모실 수밖에 없는 상황이 되었을 때, 그때 모셔. 네가 먼저 모시겠다는 말은 절대 하지 말라는 말이야. 그러다가 나중에라도 뭘 잘못하기라도 하면, 그땐 너만 좋지 않은 꼴을 당할 수 있으니까……. 내 말 꼭 명심해야 한다."

그때 친정어머니의 그 말은 알 것 같기도 하고 모를 것 같기도 했다. 하여튼 누군가가 시어머니의 거취 문제와 관련해서 먼저 말을 꺼내기를 기다려 보기로 했다.

그러던 어느 날, 좀 이르다 싶은 시간에 찾아온 시어머니가 대뜸 이러셨다.

"이걸 어디다 놔야지?"

깜짝 놀라 눈이 동그래진 유정 씨가 이렇게 되물었다.

"네, 어머니? 뭘 어디다 두세요?"

"우리가 여기로 들어와야 하는데, 너희 집이 너무 좁아서 걱정이다. 우리 장롱이 너무 커서 여기에 제대로 들어갈지 모르겠네……."

시어머니는 집안 여기저기를 둘러보며 혼잣말을 하면서 뭔가를 가늠하는 듯싶었다. 그러나 그러는 사이 옆에 있는 며느리는 얼굴이 붉으락푸르락거린다. 정작 같이 살 사람과는 한마디 상의도 없이 누가 누구랑 같이 산다고? 게다가 집도 너무 좁다고? 유정 씨는 시어머니와 같이 살고 안 살고를 떠나 함께 살아야 하는 당사자와 한마디 상의도 없이 자기들끼리 북 치고 장구 치고 하는 것 자체가 상식적으로 받아들일 수 없었다. 당신 아들네라고 며느리와 한마디 상의도 없이 이렇게까지 당당해질 수 있는 건가?

"네, 어머니? 무슨 말씀이세요? 그럼 어머니가 저희 집으로 들어오시는 거예요? 저희랑 상의 한마디 없으셨잖아요? 큰댁이랑 이야기는 다 되신 건가요? 아니, 저희는 정작 아무것도 모르고 있는데 어떻게 그러실 수가 있어요?"

시어머니가 느닷없이 집에 찾아와 하는 소리를 듣고 유정 씨는 너무나 황당했던 나머지 자기도 모르는 사이에 흥분해서 줄줄이 말을 이어 나갔다. 물론 시어머니가 둘째네로 들어오실 수밖에 없는 상황쯤은 충분히 납득할 수 있다. 하지만 한마디 상의도 없이 이렇게 불쑥 짐부터 옮기겠다는 건 아무리 아랫사람이라도 예의가 아니라는 생각이 들었다. 예상치 못한 며느리의 주장(?)에 시어머니는 기분이 무척 상하셨던 모양이다. 시어머니는 그 길로 두말도 하지 않고 집으로 가셨다. 유정 씨는 졸지에 입장이 아주 난처해졌다. 도대체 뭐가 잘못된 거지?

가족이 일을 처리하는 방식은 사회에서 일을 처리하는 방식과 달리 비형식적이다. 그러다 보니 가족 내에 어떤 중요한 문제가 발생했을

때 체계적으로 보고가 이루어진다거나, 신속하게 정보를 수집하고 관련자들끼리 모여 대책회의를 한다거나, 합리적인 결재시스템을 통해 문제를 해결하기를 기대하는 것은 불가능하다. 이런 것들이 때로는 현대식 교육을 받은 젊은 며느리들을 당혹케 하는 경우들이 있다. 유정 씨의 경우도 이런 맥락에서 이해할 수 있을 것이다. 이건 단지 우리 시댁에 문제가 있어서라기보다는 가족관계의 특성 자체가 비형식적으로 이루어지기 때문이다.

어차피 기존의 가족 내에 며느리나 사위가 들어옴으로써 새로운 가족 문화가 유입될 수밖에 없다. 따라서 새로운 가족성원의 출현을 계기로 가치 없는 것, 불합리한 것, 번거로운 것, 구태의연한 것들은 가능한 한 지양하고, 보다 가치로운 것, 합리적인 것, 생산적인 것, 새로운 것들로 바꾸어 볼 필요가 있다. 서로 다른 문화가 가정 안에서 창조적인 방식으로 통합될 때 그 가족은 훨씬 더 발전할 수 있다. 그러나 며느리가 시어머니의 눈치만 보고 기존의 가족체계에 그대로 순응하려 한다면 한 맺힌 며느리의 고리타분한 인생 이야기가 재현될 뿐이다.

무조건 참지 말자. 며느리는 누가 뭐래도 가족의 문화를 창조하고 이끌어 가는 주인공들이다. 즐겁고 신나는 가족의 삶을 위해 혹은 시어머니와 친밀한 사이가 되기 위해 며느리들은 가족의 환경을 개선하고 새로운 문화를 창조해 낼 수 있는 자신의 능력을 과소평가하지 않기를 바란다. 따라서 분명히 문제가 있다고 보는데도 불구하고 그냥 탓하기만 하고 불만을 갖기보다는 이를 적극적으로 표현하고 새로운 방향으로 이끌어 가기 위한 전략과 그의 실현을 위한 가족원들의 협조를 동원하자. 며느리라는 지위는 꼭 거추장스러운

고부관계의 심리학

것만은 아니다. 며느리에게는 가족 환경을 새롭게 창조하고 가족 문화를 창달해 나갈 권리가 있다.

철없는 시어머니와 어리석은 며느리
- 길들이기

하경 씨는 '어머니'도 한 여성으로서 자유롭고 당당하게 살아야 한다고 늘 생각해 왔다. '어머니'가 가족을 위해 희생하는 것을 마치 당연한 것처럼 여겨 왔던 가부장적 사고방식에 절대 반대하는 까닭이다. 하지만 정작 하경 씨의 어머니는 전형적인 한국의 어머니셨다. 자녀들 뒷바라지를 위해 당신 하고 싶은 일, 또 먹고 싶고 입고 싶은 것 하나 제대로 챙기지 못한 그런 분이셨다. 그러면서도 그 어려운 살림에 자녀들을 교육시키느라 온갖 정성으로 뒷바라지를 해 왔다. 그런 어머니가 고마우면서도, 한편으로는 늘 '난 절대로 저렇게 살지 않을 거야.'라고 다짐해 온 하경 씨다.

하경 씨는 결혼할 사람 앞에서도 단단히 다짐을 받아 두었다. 난 절대로 나 자신을 희생하면서까지 남편과 아이들을 위해 희생할 수 있는 사람이 못된다, 그러니 그런 사람을 원하면 지금 당장 나 아닌 다른 사람을 만나는 게 낫다, 또 지금 당장은 괜찮다고 해 놓고 결혼 후에 마음이 변해서도 안 된다, 결혼은 가족 모두가 서로 성장할 수 있도록 최대한 격려하고 지지해야 하는 것이지, 누구 한사람의 성취와 만족을 위해 다른 누군가가 희생되어서는 절대 안 된다, 내 삶의 주인공은 어디까지나 나 자신이어야지 그 누구의 배경이 되어서는 결코 안 된다는 뜻이다 등등.

그런데 그런 다짐을 받고 시작한 결혼생활이었음에도 불구하고 의외의 복병(?)이 숨어 있을 줄은 꿈에도 몰랐다. 오히려 그런 것을 고집하고 주장해 왔던 자신이 원망스러울 뿐이었다. 결혼 전에도 혹시나 했었는데 결혼해서 보니 시어머니 품행이 장난이 아니었다. 우선 젊었을 때부터 가족을 위해 희생하는 것과는 거리가 먼 분인 듯싶었다. 무슨 일이 있어도 노는 것을 좋아하고, 철 따라 옷도 해 입어야 하고, 누가 좋은 것을 갖고 있으면 그것을 손에 넣지 않고는 하루도 배겨 날 수 없는 그런 분이었다.

덕분에 시어머니는 자녀들 교육도 제대로 챙겨 주질 못했다. 그나마 막내로 자란 남편은 어떻게 해서라도 대학에 들어가야겠다는 생각에 고등학교 때부터 코피 터지도록 열심히 공부했다. 하지만 가정 형편상 대학 진학을 못하고 곧바로 취직을 할 수밖에 없었는데, 일찍부터 사회생활을 시작한 남편은 어떻게든 대학을 나와야 사회에서 대접을 받을 수 있다는 생각에 직장을 다니면서 4년제 대학 야간학부를 졸업하였다. 남편은 그나마 대학을 졸업한 덕분에 지금과 같은 생활을 할 수 있게 되었다고 믿고 있다.

그런데 그때나 지금이나 시어머니는 여전히 달라진 게 하나도 없다. 입으로는 늘 자식들이 고생한다 걱정하면서도, 여전히 입고 나갈 옷, 놀러 다닐 곳을 마련하느라 분주하기만 하다. 한 번은 급한 볼일이 있어 아이를 시어머니께 부탁한 일이 있었다. 그런데 다녀와서 보니 집안에는 온통 시어머니의 친구 분들이 중국집에서 시킨 음식을 질펀하게 먹고 웃고 떠들며 놀고 있는 것이 아닌가? 그런데 아이의 모습이 눈에 띄질 않았다.

"어머니, 지윤이는요?"

"어? 조금 전까지 여기 있었는데?"

어린 딸은 할머니들의 이야기가 재미없었는지 어디론가 사라지고 없었다. 시어머니는 그것도 모르고 친구들과 웃고 떠들었던 것이다. 더운 여름철이어서 문을 열어 두었던 것이 화근이었다. 아직은 어려서 저 혼자 어디 나가 돌아다니고 어딜 찾아다니고 할 때가 아니었지만, 일단 아이가 눈에 보이질 않으니 갈 만한 곳은 다 다녀볼 수밖에 없었다. 저녁이 뉘엿뉘엿해지자 걱정과 불안은 더욱 깊어갔다. 남편에게 전화해서 자초지종을 이야기하는데, 갑자기 하경 씨의 눈에서 참고 있던 눈물이 와락 쏟아져 나왔다.

"괜찮아, 어디 멀리 있지는 않을 거야. 진정하고 다시 한 번 잘 찾아봐. 조금 더 찾아보다가 그래도 못 찾겠으면 일단 경찰에 신고해. 나도 서둘러서 집으로 갈게."

그 말에 일단 안심이 된 하경 씨는 다시 한 번 마음을 추스르고 아이를 찾아 나서기 시작했다. 그때 갑자기 딸 지윤이가 드레스룸 바닥에 이불을 깔고 곧잘 잠들던 생각이 들었다. 왜 거기에서 자냐고 했더니, 거기가 시원하고 아늑해서 좋다고 했다. 그 길로 부리나케 집으로 달려가 보니, 아니나 다를까. 그곳에서 땀에 흠뻑 젖어 잠들어 있는 게 아닌가? 아이를 부둥켜안고 우는 하경 씨 뒤로 잠이 덜 깬 아이가 눈을 비비며 의아하게 엄마를 바라보고 있었다.

또 한 번은 어느 공장에서 모피코트를 세일한다며 시어머니는 친구 분들과 함께 그곳에 몰려갔었다. 솔직히 우리나라가 모피코트 입을 만큼 추운 곳도 아니고, 그거 입고 돌아다닐 만한 할아버지와 할머니들의 파티가 있을 리도 없다. 승용차 아니면 지하철이다 버스다 해서 냉난방이 확실히 되는 대중교통도 즐비하다. 오히려 두껍게 껴입고 나갔다가 땀 흘리지 않으면 다행이다. 그럼에도 불구하고 시어머니는 모피코트를 사지 못한 것 때문에 병이 나 버리고 말았다. 아무리 공장이라고 하지만, 그래도 명품이라서 그런지 반코트 하나에도 최소한 백만 원을 웃돌았다. 시어머니는 며칠 동안 며느리에게 눈치를 주기 시작했다.

"얘, 어디 갔는데 그게 그렇게 맘에 들더라. 남들은 다 며느리가 사 줬네, 누가 사 줬네 하는데. 에휴……. 난 뭐 그냥 이렇게 살다가 가는 거지 뭐."

"그게 얼만데요?"

"그래 얘, 그거 너도 보면 아마 깜짝 놀랄 거다. 내가 한 번 입어 봤더니 다들 맞춘 거 같다고 난리들 아니겠니? 돈이 없어서 그냥 돌아서는데 어찌나 속상한지. 죽기 전에 그거나 한 번 꼭 입어 봤으면 소원이 없겠다."

눈물까지 글썽거리면서 이야기하고는 있지만, 며느리는 다 안다. 이런 협박(?)이 벌써 수십 년째 반복되고 있다는 것을. 물론 여기서 말한 게 전부는 아니다. 계 들었다가 사기를 당한 적도 있고, 비싼 솥이나 의료기 같은 것을 12개월 할부로 구입한 적도 있는데, 그럴 때마다 번번이 골탕 먹는 건 이집 며느리 하경 씨의 몫이다. 언제나 예상을 뒤엎는 시어머니의 행동에 하경 씨는 오늘도 초긴장 상태다. 도대체 시어머니는 언제쯤 철이 들까? 며느리 하경 씨의 한숨은 오늘도 깊어만 간다.

～❀～

결혼을 하면 아내 역할만 해야 하는 것이 아니라 동시에 며느리 역할도 해야 한다. 아내 역할은 그렇다 치고, 한 번도 며느리가 되어 본 적이 없는 이들은 솔직히 어떤 며느리가 될 것인지에 대한 아이디어가 별로 없다. 올케가 있어서 올케가 하는 것을 보고 이렇게 하면 좋고 저렇게 하면 별로 안 좋구나 하면서 따라 배운 게 있다면 다행이다. 혹은 집안에 형님이나 동서가 있어서 그들로부터 '며느리 역할'에 대해 학습할 수도 있을 것이다. 그러나 그럴 만한 여건이 되지 않는 새내기 며느리들은 정말 어떤 며느리가 되어야 하는지 막막하기만 하다.

고부관계의 심리학

누구나 좋은 며느리, 칭찬받고 사랑받는 며느리가 되고 싶어 한다. 또 남편에 대한 사랑의 마음으로 시어머니를 모시고 또 진정으로 그분을 존경하며 살아가고 싶어 한다. 그러나 그러한 마음과는 달리 어쩔 수 없이 나쁜 며느리가 되는 경우들도 많다. 하경 씨가 바로 그 경우에 해당된다고 할 수 있다. 이런 경우는 과감하게 '좋은 며느리' 역할을 포기해 버리는 게 좋다. 만일 시어머니의 올바르지 못한 판단에 질질 끌려 다닌다면, 그 파장은 시어머니뿐만 아니라 나 자신, 더 나아가서는 우리 가족, 우리 집안에까지 좋지 않은 영향을 미칠 것이다.

나쁜 며느리, 독한 며느리, 냉정한 며느리, 너무나 똑똑한 며느리. 나를 어떤 며느리라 불러도 좋다. 그래도 끝까지 안 되는 건 안 되는 거다. 옳지 않은 것, 무리한 것, 불가능한 것, 원치 않는 것을 바라보면서도, 그것을 그냥 내버려 둔다면 며느리 속은 새까맣게 타들어 가다 못해 급기야는 남편과의 이혼까지도 고려해 볼지 모른다. 철없는 시어머니에 대해 며느리가 단호하게 대처하는 것은 나 자신뿐만 아니라 우리 가족을 지키는 일임을 명심하자. 그렇게 하는 것이 쉽지 않으면 지지자로서 남편을 설득하고 협조를 구하는 것도 좋다.

노후보장보험
-부양부담

결혼을 앞두고 사람들은 이것저것을 많이 재보게 된다. 이 사람이 앞으로 장래성이 있는 사람인지, 나와 인생을 함께할 건전한 사고와 가치관을 가진 사람인지, 내가 꿈꿔 왔던 생활을 함께 그려 갈 수 있는 나랑 맞는 사람인지, 가족을 충분히 돌보고 책임질 수 있는 사람인지 등등에 대해서다. 하지만 이런 근사하고 멋진 조건들 외에도 좀 더 솔직하게 말하자면 이 사람과 결혼을 해서 내가 얼마나 유리한 상황에 놓일 것인지를 놓고 꼼꼼하게 따져 보지 않는 사람은 결코 없을 것이다.

결혼을 염두에 두고 사귀는 사람이 있다고 부모님께 처음으로 말했을 때, 부모님이 가장 먼저 궁금해하시는 것이 무엇이었는지 생각해 보자. 부모님은 다 계시냐? 무엇을 하시는 분들이시냐? 고향은 어디시고, 지금은 어디에 사시냐? 형제들은 몇이냐? 뭐 이런 호구조사(?) 수준의 것들이라는 사실을 결혼한 사람이라면 누구나 충분히 공감할 수 있을 것이다. 그 다음이 결혼할 상대에 대한 신상명세(?)

다. 부모님이 이처럼 결혼 당사자보다 집안을 먼저 궁금해하는 이유는 무엇보다 딸이 결혼 후 안정된 생활을 할 수 있는지부터 먼저 따져 보겠다는 판단에서일 게다.

그러니 예비신랑이 부모님을 모셔야 하는 상황이라거나, 지금은 아니지만 장차 모셔야 할 일차적인 책임이 있는 장남이라면 결혼시장에서 결코 좋은 조건을 가졌다고 보기는 힘들 것이다. 하지만 이미 마음을 빼앗긴 그 남자가 하필 장남이었기에, 진숙 씨는 다른 사람을 고려를 할 틈도 없이 그와 결혼을 하였다. 하지만 결혼을 하고 나서야 비로소 진숙 씨는 왜 사람들이 장남을 기피하는지에 대해 진정으로 깨달을 수 있었다. 진숙 씨 입장에서는 참으로 안타까운 일이 아닐 수 없다.

"아니, 시어머니는 어떻게 그렇게 당신 아들네라고 당당하실 수가 있대요? 집에 연락도 없이 불쑥불쑥 찾아와서는 쉬고 있는 사람 당황하게 만들질 않나. 아니 글쎄, 한 번 들르시면 손 하나 까딱 안 하고 세 끼 식사를 꼬박 앉아서 대접받으신다니까요? 난 정말 맏며느리가 이렇게 힘든 자리인 줄 몰랐어요. 당신 집에서는 그렇게 일도 잘하시면서 왜 며느리 집에만 오시면 꼼짝도 안 하시는지 모르겠어요. 게다가 자꾸 여기가 아프다 저기가 아프다 그러시는데, 그럴 때마다 아주 부담스러워 죽겠어요. 그거, 용돈 좀 챙겨 보자는 속셈 아닌가요?"

한동안 쌓인 게 많았는지 맏며느리 진숙 씨의 푸념이 한동안 이어진다.

"그런데 그게 다가 아니라니까요? 사돈의 팔촌 누구네는 아들네가 이번에 뭘 해 줬다는데 그게 그렇게 좋더란다 하기도 하시고, 앞집 누구네가 이번에 뭐를 장만했는데 아 그게 그렇게 부럽더라 하기도 하세요. 또 누구네 며느리는 시부모 먹으라고 이번에 뭐를 만들어 보냈는데, 내 팔자에 뭐 그런 거 한 번 얻어먹을 수 있겠냐고 하시는데……. 그런 말 듣고 있노라면 아주 속이 터질 것 같다니까요. 시집올 때 해 주신 것도 별로 없으면서 바라기는 어쩌면 그렇게도 밝히시는지……. 그러니 누가 시부모 오는 걸 반기겠어요?"

솔직히 말해 진숙 씨가 느끼는 부담을 이해 못할 주부가 어디 있을까 싶다. 하지만 오죽하면 그런 말을 했을까 싶어 진숙 씨 상황이 안타깝기만 하다. 요즘 집값도 너무 비싼 데다가 생활에 대한 기대수준이 높다 보니, 결혼해서 기반을 잡기까지는 상당한 시간과 노력이 필요하다. 아등바등하며 살다 보면 어느새 신혼기는 훌쩍 지나 중년의 문턱을 넘어서 있는 자신을 발견하게 된다. 그나마 부모 도움을 받은 사람은 훨씬 수월하게 기반을 잡아 나갈 수 있지만, 그렇지 못한 경우는 솔직히 이만저만 고생스러운 게 아니다.

고부관계의 심리학

아니, 반대로 남들은 시부모한테 땅을 물려받았네, 집을 물려받았네 하고들 있는데, 진숙 씨 시부모님은 맏이네한테 별로 해 준 것도 없으면서 뭘 그렇게 바라기만 하시는지. 결혼할 때 받은 예물이랑 패물이래 봤자 남들 앞에 내놓기에 한없이 부끄러운 것들인데, 시어머니는 그것 가지고 늘 귀가 따갑도록 생색내기 일쑤다. 지금은 그나마 따로 살고 있어서 다행인데, 나중에 몸이라도 성치 못하면 결국 진숙 씨네가 모셔야 할 텐데……. 그 생각만 하면 진숙 씨는 더욱더 우울해진다. 그렇다면 미리부터 맏며느리에게 부담을 줄 것이 아니라, 앞으로를 위해 맏이한테 더 잘 해 줘야 하는 것 아닌가 하는 생각이 굴뚝 같다.

요즘은 20대부터 노년기를 준비해야 한다는 말까지 나오고 있다. 각종 언론에서도 노년기를 위해 필요한 자금이 몇 억이 되네 하면서 연일 보도하고 있는 실정이다. 솔직히 우리들의 부모님 세대는 미처 노년기를 준비하지 못한 채 노년기를 맞이하였다. 그러니 우리 세대는 노년을 위해 미리부터 준비한다고 쳐도, 노후를 미처 준비하지 못한 지금의 노부모 세대는 분명 어려운 상황에 있음은 틀림없는 사실이다. 하지만 그래도 그렇지, 아들 낳은 게 무슨 노후보장보험에 든 것도 아닌데…….

우리나라는 한국전쟁 직후 완전히 폐허가 되었었다. 그러나 불과 수십 년 사이에 전쟁의 참상을 딛고 괄목할 만한 경제성장을 이루었다. 덕분에 우리는 오늘날과 같은 풍요를 누릴 수 있게 되었다. 그러나 너무나 빠르게 이룩한 경제성장이었기에 우리 사회에는 여러 가지 부작용과 사회문제들이 나타났다. 혹자들은 우리나라의 사회복지제도를 놓고 불만의 목소리를 높이겠지만, 지금과 같은 복지시스템을 갖추기까지 많은 정치인들과 학자들, 각종 NGO 단체들의 노력과 국민들의 적극적인 호응이 있었기에 가능한 일이었다고 본다.

얼마 전 정부는 우리나라의 저출산 현상을 국가적 위기로 정의하였다. 노인부양인구비율은 증가하고 있는데, 상대적으로 출산율은 심각하게 감소하고 있기 때문이다. 게다가 자신들의 노후를 준비해 경제적으로 여유 있는 생활을 하는 노인들이 그리 많지 않다 보니, '빈곤하고 병든 노인'에 대한 부양 문제가 날로 심각해지고 있다. 물론 이러한 사회변화를 충분히 예측하고, 정부는 그에 맞는 노인복지 관련 정책을 생산했었어야만 한다는 데는 전적으로 동의한다. 그러나 노인문제의 증가와 정부 정책의 부재 사이에서 노인들의 삶의 질이 무시되고 있는 건 아닌지 돌이켜 볼 필요가 있다.

자식들에게 지나친 기대감을 갖고 있는 시부모가 있다면, 일단 그분들의 경제적 여건을 헤아려 볼 필요가 있다. 비록 며느리인 나를 위해 먹이고 입히고 교육시킨 분들은 아니지만, 지난 과거의 관점에서가 아니라 지금 현재의 관점에서 새롭게 점검해 보아야만 한다. 만일 시부모님이 경제적으로 매우 어려운 상황에 처해 있다면, 아들, 딸 구별 없이 가족 모두가 한자리에 모여 각자의 여건과 형편에 맞게 부모님을 도울 수 있는 방법을 찾아야만 한다. 그게 가장 이상적이다.

그러나 누가 보아도 시부모가 무리한 요구를 해 온다 싶으면, 그것이 며느리의 관심과 애정을 요구하는 것인지 아니면 그냥 단순하게 욕심을 부리는 것인지 잘 판단해야 한다. 관심과 애정을 나타내는 것이라면 자주 연락도 드리고, 시어머니의 좋은 면을 찾아내어 칭찬도 해드리면 좋다. 가끔 맛있는 음식을 만들어 초대를 한다거나, 쇼핑을 하러 갈 때 시어머니와의 동행을 제한하는 것도 아이디어다. 그러나 그냥 단순하게 욕심을 부리는 것이라면 그 부분에 대해서는 아주 단호하고 냉정하게 대처하는 것도 좋다.

Part 3 : 당당한 며느리로 거듭나기:

며느리로서의 정체성 확립

'시어머니'에서 '남편의 어머니'로
— 시어머니 다시 보기

부부도 처음에는 남이었다

　누구나 한 번쯤은 '족외혼^{族外婚}'에 대해 들어 보았을 것이다. 같은 종족이나 씨족끼리의 혼인을 금하고 다른 종족이나 씨족 사람과 혼인하는 제도를 말한다. 족외혼의 전통은 우생학적 관점에서 행해져 왔으며, 이는 오랜 기간에 걸쳐 지켜온 것으로 우리 사회뿐 아니라 서구 사회에서도 쉽게 찾아볼 수 있는 보편적인 관습이다. 족외혼을 조금 더 쉽게 이해하자면, 결혼은 서로가 완전하게 남남이어야만 이루어질 수 있다는 말이다. 우리나라는 전통적인 가족관계뿐만 아니라 오늘날의 가족관계에서도 순수혈통을 매우 중요시하고 있다. 하지만 엄격하게 말하자면 가족의 시작은 족외혼의 전통에서 알 수 있듯이 남남의 관계에서 비롯된다는 사실을 기억할 필요가 있다.

　부모와 자녀의 관계는 대부분 혈연으로 맺어진다. 그러나 부모와 자녀의 관계를 제외하고 나면 거의 대부분의 가족관계는 생면부지의 남남이 결혼을 함으로써 맺어지는 것들이다. 예를 들어, 시어머니-며느리 관계(고부관계), 장인·장모-사위 관계 그리고 동서들 간의 관계 등은 결혼을 통해 이루어지는 대표적인 가족관계 유형들이다. 이와 같이 '가족'이라는 것은 '결혼'이라는 의식을 통해 남남의 관계에서 가족의 관계로 발전하는 것이기 때문에, 자신의 원가족은 '진짜 가족'이고 결혼을 통해 이루어진 가족은 '형식적인 가족'이라고 받아들여서 마음의 거리를 둘 필요가 없다고 생각한다. 나의 아버지와 어머니도 처음에는 서로 남남의 관계였고, 나의 친할아버지, 친할머니, 외할아버지, 외할머니, 큰아버지, 큰어머니, 외숙부, 외숙모 모두 남남의 관계가 가족의 관계로 발전한 것이기 때문이다.

　　요즘은 남녀의 만남이 쉽고 흔하다. 성인 남녀 대부분이 어떤 식으로든 사회활동을 하고 있기 때문일까? 연애 기간이 길어지다 보면 자연스레 결혼 이야기가 나오는데, 결혼에 대해 두 사람의 의지가 확고하다면 양가 부모님께 자신이 교제하고 있는 이성을 알리고 드디어 상견례 자리를 마련한다. 상견례는 여성의 입장에서 여간 긴장되는 일이 아니다. 앞으로 시부모님이 될 분들께 첫 인사를 드리는 기회이며, 그 말 많은 고부갈등의 당사자인 예비 시어머니를 처음으로 대면하는 자리이기 때문이다. 과연 내가 앞으로 이 분과 잘 지낼 수 있을까?

　　만일 상견례하는 자리에서 예비 시어머니가 영 아니올시다라면 당신은 어떻게 하겠는가? 애인과의 관계를 이쯤에서 청산하는 것이 현명한 것은 아닐까? 고부갈등이 뻔히 내다보이는데, 과연 당신은 앞으로 새털같이 긴 결혼생활을 그녀와 함께 버텨 낼 자신이 있는가? 이런저런 생각들 때문에 머리가 어지럽고 마음이 혼란스럽다

고부관계의 심리학

면, 다시 한 번 스스로에게 다음과 같은 질문을 던져 볼 필요가 있다. 당신은 시어머니 자리가 맘에 안 든다고 진정 사랑하는 사람과 헤어질 수 있는가? 당신이 그와 헤어지기로 마음먹었다면 그 결정에 대해 나중에 절대로 후회하지 않을 자신이 있는가?

남편에게도 시어머니가 있다?

스트레스에는 두 가지 종류가 있다. 긍정적인 의미의 스트레스eustress와 부정적인 의미의 스트레스distress다. 긍정적인 의미의 스트레스란, 예를 들어 취직이 되면 기쁘긴 하지만 새로운 직장환경에 적응해야 하는 스트레스를 받는데, 이런 종류의 스트레스를 일컬어 긍정적 의미의 스트레스라고 한다. 반면 부정적인 의미의 스트레스란 질병에 따른 입원, 수감, 사업에서의 실패 등과 같이 어떤 면에서 보더라도 긍정적인 부분을 찾아보기 힘든 경우에 받는 스트레스를 말한다. 그렇다면 결혼은 이 둘 중 어디에 해당할까? 두말할 필요도 없이 긍정적인 의미의 스트레스에 해당할 것이다.

사실, 연애를 하는 것과 결혼생활을 하는 것 간에는 많은 차이점이 있다. 연애를 할 때는 그동안 무슨 일이 있었는지, 주말에는 무엇을 할 것인지 등등 즐겁고 신나는 이야기들이 끊임없이 이어진다. 낭만적인 관계에서는 책임이나 의무가 따르지 않기 때문이다. 그러나 결혼을 하고 나면 부부의 대화가 틀려진다. 다려 놓은 와이셔츠 없어? 오늘 몇 시에 들어와? 주말에 거기(본가 혹은 친정) 갈 거지? 나 다음 주에 미국 출장 가. 애 학원비 입금해야 하는데, 자기 돈 없어?

아버지 병원에 입원하셨다던데, 언제 갈까? 나 아직 밥 안 먹었어, 밥 줘. 이번 달 월급은 왜 요거밖에 안 돼? 세탁소에 맡긴 양복 찾아왔어? 아~ 연애 시절의 낭만은 도대체 다 어디로 숨어 버린 것일까!!!

아내에게만 결혼 적응의 시간이 필요한 건 아니다. 남편에게도 똑같은 적응의 시간이 필요하다. 아내의 결혼생활에 고부갈등이 복병처럼 숨어 있다면, 남편에게도 똑같이 장인과 장모 때문에 받는 스트레스가 있을 수 있다. 우리 사회에서 장모와 사위와의 관계는 아주 특별한 관계로 받아들여지고 있는데, 이는 사위를 잘 대접해야만 사위가 딸에게도 대접을 잘해 줄 것이라는 기대심리가 숨어 있기 때문이다. 그러나 요즘은 시어머니 때문에 며느리가 스트레스를 받듯, 장모님 때문에 스트레스를 받는 사위들이 늘어나고 있다. 장모/친정어머니로부터 자녀 양육의 도움을 받는 맞벌이 부부가 많아지면서 부부의 친인척관계가 아내 중심으로 발달해 가고 있기 때문이다.

고부관계의 심리학

그렇다면 사위는 왜 장모님 때문에 스트레스를 받는 것일까? 잘나가는 다른 사위들과 차별대우하는 것 때문에? 오너라 가너라 시도 때도 없이 불러들이는 것 때문에? 별로 해 준 것도 없으면서 볼 때마다 아쉬운 소리를 해대는 통에? 사사건건 이건 이래라 저건 저래라, 아내의 잔소리로도 충분한데 거기에 장모님의 잔소리까지? 이처럼, 며느리가 시어머니 때문에 힘들어하듯 사위도 장모님 때문에 힘들어할 수 있다. 며느리−시어머니 관계나 사위−장모의 관계에서 발생하는 이러한 여러 가지 갈등 문제는 결혼한 남성과 여성 모두에게 '남남의 관계'에서 '가족의 관계'로 발전하기 위해 필연적으로 거쳐야 하는 과정의 하나다.

며느리, 시어머니를 돕다

결혼이란, 서로 사랑하는 사람끼리 가족을 이루면서 함께 살아
가기로 합의하는 것이다. 다시 말해 결혼이란 지금보다 더 행복한
삶을 살아가기 위한 선택이며, 따라서 부부는 결혼을 함으로써 서로
의 인생 목표를 성취해 나갈 수 있도록 최대한 격려해 줄 수 있어야
만 한다. 가끔은 가족원 개인의 자아성취라는 명분으로 가족이 희생
되어 버리는 경우도 있으며, 반대로 개인의 자아성취가 가족 공동
의 목표 때문에 좌절되는 경우도 있다. 물론 어느 가족이나 최대의
만족을 위해 최선의 선택을 하겠지만, 가족원 각자가 오롯이 키워
가고 있는 희망과 목표가 최대한 존중될 때라야 비로소 가족과 나
모두가 행복해질 수 있다.

인간의 전 생애에 걸친 발달과정을 심리성적으로 체계화한 에
릭슨의 이론에 따르면, 노년기는 자아통합 대 절망감의 시기라고 하
였다. 즉, 과거를 돌이켜 볼 때 지나간 시간이 의미 있고 보람 있었다
면 그 노인은 자아통합감을 느끼면서 만족스러운 노년기를 보낼 수
있을 것이다. 반면, 흘러간 시간이 보잘것없고 후회스럽기만 하다면
노인은 절망감에 빠져 심리정서적으로 어렵고 힘겨운 말년을 보낼
것이다. 누구나 지난 시간을 돌이켰을 때 한 점 후회 없기를 바란다.
그러나 그처럼 완벽한 과거를 가진 사람이 세상에 과연 몇이나 될까?

요즘은 누가 아주머니, 아저씨이고 누가 할머니, 할아버지인지

구분이 잘 안 간다. 그래서 지하철을 타고 가다 보면 자리를 양보해야 하는지, 안 해도 괜찮은지 난감한 사람과 만나기도 한다. 젊었을 때부터 자기관리를 잘해 온 사람들은 실제 나이보다 젊어 보이는 반면, 그렇지 않은 사람들은 실제보다 더 나이 들어 보이기도 한다. 이렇듯 몇 세부터 노인기가 시작되는지는 정확하게 알 수 없다. 그러나 최근 자녀들을 모두 결혼시켜 내보내고 부부끼리 생활하는 시간이 점점 길어지고 있는 것만은 분명한 사실이다. 그래서 이 노인들이 갑자기 늘어난 노년의 시간을 무엇을 하면서 지낼 것인가가 문제가 되고 있으며, 이는 개인의 삶의 질과도 밀접한 관련이 있다.

노인들은 앞으로 남은 시간에 대한 기대나 흥분보다는 지난 시간에 대한 의미나 추억 속에서 시간을 보낼 확률이 높다. 따라서 노인들이 과거 속에서 무엇을 꺼내고, 어떻게 평가하느냐에 따라서 지나간 시간이 의미 있을 수도 있고 혹은 그 반대일 수도 있다. 성공적인 노년기를 보내기 위해서는 지나간 시간들 속에서 긍정적인 의미를 발견함으로써 자신의 인생이 결코 보잘것없지 않았음을 알게 하는 것이 필요하다. 예를 들어, 자식들 공부시키고 시집 장가 보내느라고 하루도 허리 펼 날이 없었다고 푸념하는 노인이 있다면, 그렇게 키운 아들과 딸들은 적어도 당신만큼 힘들지는 않을 테니 얼마나 다행한 일이냐며 위로할 수 있다.

완전히 남남이었던 사람들은 함께 살고 부딪쳐 가는 가운데 진정한 가족의 일원으로서 거듭나게 된다. 장모와 사위의 관계가 그럴 것이고, 시어머니와 며느리의 관계가 그럴 것이다. 이제 노년을 맞이한 시어머니가 있다면, 당신의 노년기를 아름답게 정리할 수 있도록 친어머니를 대하듯 도와드리는 것이 필요하다. 시어머니의 지나

고부관계의 심리학

온 삶이 척박했다면, 이는 시어머니 곁을 보살펴야 할 며느리의 책임이 그만큼 크다는 뜻일 수 있다. 물론 그 책임이 며느리에게만 있다는 뜻은 결코 아니다. 다만 며느리 역할 중에서 우리가 놓쳐 버리기 쉬운 부분이라는 생각이 든다.

친정어머니로부터 벗어나기
-원가족 분화

 운명과 선택의 근본적인 차이

　　내가 태어난 가족은 선택할 수 없다. 내가 아무리 어떤 가정, 어떤 부모를 원한다 할지라도, 그러한 나의 선호와는 상관없이 이미 나의 가족은 운명 지어진 채 태어난다. 그러나 그렇다고 해서 가족을 선택할 수 있는 기회가 전혀 없는 건 아니다. 그 대표적인 경우가 배우자 선택이다. 어느 사회에서나 일반적으로 일생을 통해 단 한 명의 배우자를 선택할 수 있다. 하지만 미국의 엘리자베스 테일러나 한국의 김지미 씨처럼 여러 번 결혼하는 경우는 그만큼 기회가 많다. 또한 배우자 선택 말고 입양을 통해서도 가족을 선택할 수 있다.

　　이처럼 결혼이나 입양으로 가족을 선택하지 않는 한 내가 만나는 첫 번째 가족은 선택이 불가능한 운명적인 집단이다. 운명으로 이루어진 이 첫 번째 가족을 원가족$^{family of origin}$이라 하는데, 이 원가족은 개인이 성장해 가는 과정에서 긍정적이거나 때로는 부정적으로 끊임없이 영향을 미친다. 이런 이유로 가족문제 전문가들은 개인이나 부부, 혹은 현재의 가족 내에 어떤 문제가 발생했을 때 그 원인을 그들의 원가족 안에서 찾으려고 부단히 노력해 왔다. 가족은 인간의 다양한 욕구를 가장 효율적으로 채워 줄 수 있는 최소한의 집단이기도 하지만, 경우에 따라서는 정신병 환자의 상당수를 키워 내기도(?) 한다.

원가족에서의 다양한 생활 경험들은 가족을 이끌어 가는 두 핵심 축인 남편과 아내가 주도적으로 만들어 간다. 따라서 그 자녀들은 부부가 만들어 가는 가족생활 경험을 수동적으로 받아들일 수밖에 없다. 자신이 원하는 생활경험을 스스로 만들어 내기까지는 어느 정도 성장해야만 가능하다. 그럼에도 불구하고 우리는 누구나 원가족과 지냈던 시간들이 아름답고 행복하기를 바란다. 그러나 그것은 말하는 것만큼 쉬운 일이 아니다. 원가족과 보냈던 시간들을 아름답게 추억할 수 있는 사람이 있다면, 그는 돈을 많이 가진 부자보다 훨씬 더 행복한 사람임에 틀림없다.

원가족은 인간이 성장하고 발달해 나가는 데 필요한 다양한 기본적인 지식과 기술, 훈련이 이루어지는 곳이다. 특히 가족과 관련해서 말하자면 (집단으로서의) '가족' 이란 이런 것이구나, '집' 은 이런 곳이구나, '사랑' 은 이렇게 표현하는 것이구나, '할아버지/할머니', '아버지/어머니', 또 '누나/언니' 나 '형/오빠', 그리고 '동생' 은 각각 이런 존재구나 하는 것들을 배울 수 있는 기본적인 집단이다. 그렇기 때문에 성품이 좋질 않거나 무례한 사람을 만나면 그 집의 가정교육부터 의심하게 되는 것이다. 그러므로 가족생활과 관련한 모든 프로토타입prototype은 기본적으로 원가족의 영향에 기초한다고 할 수 있다.

그렇다면 세상에서 나와 가장 유사한 성장 경험을 가진 사람은 누구일까? 누가 뭐래도 형제자매일 것이다. 나고 자란 환경이 같은 건 물론이려니와 대개 이들은 초등학교나 중학교 혹은 고등학교 선후배인 경우가 많다. 매일같이 함께 먹고 자면서 보낸 시간이 새털같이 많다 보니 서로에 대해 속속들이 아는 건 당연하다. 무엇을 좋아하고 무엇을 싫어하는지, 생활습관이나 버릇이나 식성은 어떠한지, 무엇을 잘하고 무엇을 못하는지, 장점은 뭐고 단점은 무엇인지 등등 모르는 게 없다. 그렇다면 이처럼 서로에 대해 잘 아는 형제자매끼리는 과연 싸울 일도 없는 것일까?

고부관계의 심리학

 '어머니', 유연하게 사고하기

아무리 친한 사이라 할지라도 내 가족처럼 나를 훤히 들여다볼 수 있는 사람은 그리 흔치 않다. 특히 아침에 늦게 일어나고 저녁에 늦게 잔다든지, 뭐든 시키는 일을 깜빡깜빡 잊어버린다든지, 다른 사람이 어떻게 받아들이든 자기가 하고 싶은 말은 다 해야 한다든지, 물건을 자주 잃어버린다든지 하는 개인의 독특한 버릇이나 습관, 성격 특성 때문에 가족들이 스트레스를 받을 수 있다. 그러나 이러한 개인차는 '가족 간의 사랑'이라는 미명하에 너그럽게 받아들여지거나 함께 사는 동안 서로에게 익숙해진다. 이것이 내가 그들과 함께 생활하는 데 크게 불편함을 느끼지 못하는 이유다.

어렸을 때부터 지금까지 줄곧 단짝으로 지내 온 친구 미선이가 결혼 전에 이런 이야기를 한 적이 있다. 직장이 멀어서 매일 새벽같이 일어나야 하는 딸의 건강을 위해, 친구의 어머니는 주말 아침이 되면 잠든 딸을 절대 시간에 맞춰 깨우지 않는단다. 여느 때처럼 아침식사가 준비되면 먼저 식사할 사람만 식사하고 나머지 식구들은 각자 알아서 차려 먹을 수 있도록 대충 식탁을 정리해 두면 그만이다. 또한 친구 어머니는 결코 '밥'에 연연해하지 않기 때문에, 아침에 달랑 토스트 한 조각이나 시리얼 한 그릇을 내놓기도 한단다. 부족하다고 생각되면 그건 각자가 알아서 해결하면 되기 때문에 어머니 입장에선 별로 아쉬울 게 없다. 친구는 이런 어머니가 부담이 없어서 좋다고 했다.

그러나 시어머니한테도 이와 똑같은 대우를 기대했다간 괜한 스트레스만 쌓일 뿐이다. 시어머니에게는 지금까지 살아오는 동안 익숙해져 버린 당신만의 삶의 방식이 있기 마련이다. 따라서 주말 아침마다 벌어지는 장면이 아니어도 시어머니와 며느리 사이에는 크고 작은 생활방식의 차이들이 나타나는데, 이러한 차이들이 결국은 고부갈등의 화근으로 발전하기도 한다. 그러니 새로 맞은 가족원과의 동거(?)가 어찌 녹녹할 수가 있겠는가. 도대체 왜 시어머니는 친정어머니랑 다른 걸까?

시어머니랑 친정어머니는 애초부터 아주 다른 사람이었다고 전제하자. 세상에 어느 정도 비슷한 사람은 있어도 완전히 똑같은 사람은 없다. 그럼에도 불구하고 애초부터 다른 걸 왜 다르냐고 고집스럽게 우겨댄다면 그것처럼 우스운 일도 없을 것이다. 고부관계뿐만 아니라 결혼생활에서 생기는 대부분의 갈등은 원가족에서의 경험을 지금 현재의 가족에 그대로 가져와서 끊임없이 비교하기 때문이다. 이 말을 하면, 그런 것쯤이야 누구나 다 안다고 말하는 사람이 있을지도 모른다. 하지만 아는 것과 실천하는 것은 다르다.

원가족으로부터 '어머니'에 대한 최초의 이미지를 형성하게 되는 것은 당연한 일이다. 또한 원가족과 함께 성장해 가는 과정에서 어머니가 해야 하는 역할이라든가 어머니됨의 의미를 배우고, 어머니의 가치관이나 생활습관 등을 직접 겪으면서 열심히 따라 했을 것이다. 그러나 그러한 것들은 어디까지나 내 어머니로부터 영향을 받은 것이지 그것 자체가 삶의 절대적인 기준이 될 수는 없다. 설혹 내 어머니가 충분히 존경할 만한 인물이었다 할지라도 모든 사람들이 나의 생각과 같을 수는 없다. '어머니'를 어떻게 배워 왔건, 이제부터는 '어머니'에 대한 나의 고정관념으로부터 조금 더 자유로워질 필요가 있다. 그래야만 새 어머니를 조금 더 쉽게 받아들일 수 있기 때문이다.

고부끼리 신나게 살아가기

우리나라 사람들처럼 비판의식이 강한 국민도 없을 것이다. 그러다 보니 어떤 문제가 생기면 왜 그런 문제가 생겼는지, 누가 그 문제의 원인 제공자인지, 그렇다면 그 책임은 누가 져야 하는지 등에 대해서 시시콜콜하게 따지는 데 귀한 시간을 낭비하곤 한다. 그러나 인간관계 속에서 벌어지는 일들은 자연과학 현상과는 달리 원인과 결과가 분명하지 않은 것들이 많다. 가끔 싸움을 말리다 보면 누가 딱히 잘못했다고 말할 수 없는 상황인데도 불구하고, 네가 잘했네 내가 잘했네 하면서 몇 시간째 무의미한 말다툼을 벌이는 경우들을 보아왔다.

이처럼 인간관계에서 발생하는 여러 가지 갈등과 문제들은 그 원인을 찾아내서 시시비비를 가리는 것이 불가능할 때가 많다. 어쩌면 시시비비를 가리는 일 자체가 무의미할지도 모른다. 그렇기 때문에 문제의 원인을 찾아내는 데 아까운 시간을 허비하기보다는, '어떻게 하면 그 문제를 해결할 수 있을까?' 하는 해결방법에 초점을 두는 것이 현명하다. 하지만 문제의 원인을 찾는 데 익숙한 우리나라 사람들에게는 원인 대신 해결방법을 고민하도록 하는 것이 생각보다 쉽지 않다. 우리 모두에게 결코 익숙한 일이 아니기 때문이다.

객관적으로 말해서, 누구의 가치관은 옳고 누구의 가치관은 틀렸다고 말하기가 힘들다. 개인의 가치관은 상당히 주관적인 것이기 때문에 설혹 누구나가 그의 가치관이 틀리다고 말할지라도 그 사람 생각에 크게 신경 쓸 필요는 없다. 생활방식도 이와 마찬가지다. 어느 누구라도 나의 삶의 방식은 옳고 너의 삶의 방식은 옳지 않다고 함부로 말할 수는 없다. 각각의 삶의 방식에는 장점과 단점이라는 두 가지 측면을 모두 갖고 있기 때문이다. 다만 나의 삶의 방식과 너의 삶의 방식이 '가정'이라고 하는 한 공간 안에서 서로 충돌할 때, 이것을 어떻게 슬기롭게 해결하느냐가 관건이다.

결혼을 하면 친정어머니와 관련된 데이터는 잠시 저장해 둘 것을 권한다. 세 사람만 모여도 그 안에 스승이 있다는 말처럼, 새롭게 맞이하는 '어머니'로부터 내 어머니와는 다른 무언가를 배워 보도록 하자. 외국에 나가면 그들의 문화와 관습을 신기하게 바라보듯, 새 어머니의 삶의 방식을 호기심 어린 마음으로 배워 보려는 자세가 중요하다. 만일 시어머니가 며느리에게서 이러한 마음 자세를 엿보았다면, 세상의 그 어떤 시어머니라도 자신의 며느리에게 감동하지 않을 수 없을 것이다. 사람에게 감동을 주는 일은 의외로 돈이 들지 않아서 좋다.

그리고 나서부터가 중요하다. 사람들이 힘들여 돈을 벌고, 쉬지 않고 공부하는 이유는 무엇일까? 아마도 행복해지기 위함이고, 더 나은 삶을 살아가기 위함일 것이다. 시어머니와 며느리 사이에도 이러한 목표가 존재한다면, 이 두 사람 모두에게는 지칠 줄 모르는 실험정신과 끊임없는 도전정신이 필요하다. 가족들의 생일에는 어떻게 보내는 것이 좋은지와 같은 중요한 일부터 김치를 담글 땐 어떤 액젓을 넣으면 맛있는지와 같은 사소한 것에 이르기까지 서로의 차이를 실험하면서 끊임없는 감동과 행복을 만들어 가도록 하자. '행복' 이나 '더 나은 삶' 은 결코 노력하지 않는 자의 몫이 될 수 없다.

고정관념을 버리고 시금치(?)와 친해지기
─ 차이 다루기

남들 다 한다는 결혼, 해? 말아?

사람들에게 결혼을 왜 했냐고 물으면 대답들이 우물우물한 게 시원치가 않다. 나이가 들어 왠지 결혼을 해야만 할 것 같아서 그랬다는 사람도 있고, 잘은 모르겠는데 이 사람과 결혼해야만 할 것 같은 느낌이 들어서 그랬다는 사람도 있다. 이런 이야기들이 얼핏 무모하게 들릴지도 모른다. 앞으로 평생을 같이 살 사람을 결정하는 일인데, 마치 떠밀려서 결혼한 것 같은 느낌이 들어 신중하지 않아 보이기 때문이다. 그러나 남들이 다 하니까 나도 왠지 그래야만 할 것 같은 사회적 동기는 옛날부터 지금까지 많은 독신 남녀들을 결혼으로 유인하게 하는 중요한 동기 중의 하나였다.

결혼의 제일 중요한 동기는 누가 뭐래도 '사랑'이다. 우정관계에 몰입하던 청소년 시기에서 벗어나 이제 막 어른이 된 성인 남녀는 그동안 마음속으로 가꿔 왔던 자신의 이상형을 적극적으로 찾아

나선다. 드디어 마음에 끌리는 이성을 만나면 그에 대한 관심을 적극적으로 표현하기 시작하고, 다투고 헤어지는 경험을 몇 번 반복하기도 하면서 사랑의 의미와 방법들을 배워 나간다. 그러다가 교제 중인 두 당사자의 소위 '결혼하기 좋은 시기timing'가 일치하면 결혼에 대한 양가의 합의하에 결혼 결정이 이루어진다.

　　사랑, 결혼 그리고 가족. 이 세 가지 개념은 우리의 생활과 대단히 가까운 주제임에도 불구하고 쉽게 정의 내리기가 어렵다. 사람들마다 생각이 틀리고 관점이 다르기 때문이다. 그럼에도 불구하고 이 세 가지 중에서 특히 결혼에 대해 정의해 보라고 한다면, '사랑을 실현하는 하나의 방법' 쯤으로 표현하고 싶다. 이 말은 사랑은 결혼을 결정하는 데 그만큼 중요한 요소라는 뜻이며, 사랑의 표현 방식은 결혼 말고도 앞으로 훨씬 더 다양화될 필요성이 있음을 시사해 주는 것쯤으로 이해하길 바란다. 즉, 사랑이 결혼의 중요한 동기가 되는 것만은 확실하지만, 결혼을 했다고 해서 처음의 사랑이 끝까지 보장(?)되는 것은 아니라는 뜻이다.

　　요즘 결혼하는 신세대들은 자녀 갖는 것을 당분간 미루고 두 사람만의 신혼 기간을 최대한 즐기려는 경향이 늘어나고 있다. 아기가 없을 때 열심히 돈 벌어서 어느 정도 경제적인 기반을 마련한 다음 자녀를 갖겠다는 젊은 신세대 부부의 야무진 결혼 계획 때문일 수도 있다. 그러나 이런 경제적인 이유 외에도 출산 계획을 일정 기간 미루는 부부들이 있는데, 이들은 전 생애를 통해 볼 때 신혼기honeymoon period 만큼 행복한 시간이 없다는 사실을 잘 알고 있기 때문이리라. 다시 말하면 아이를 갖기 전에 두 사람만의 시간을 충분히 즐기겠다는 것이다. 이것은 현대의 결혼에서 부부의 행복이 자녀의 존재보다 우위에 있을 수 있음을 잘 알게 하는 대목이다.

'낭만은 짧고, 생활은 길다.' 는 어느 회사의 광고카피를 보고 한참 동안 미소 지었던 생각이 난다. 비록 길고 긴 결혼생활을 통해 예기치 못한 어려움과 갈등, 위기에 직면한다 할지라도, 짧은 낭만이 주는 짜릿함과 환상을 포기하는 일은 쉽지 않다. 그래서 우리는 결혼생활의 냉혹한 현실에도 불구하고 겁 없이 결혼에 달려들고 마는 한 마리 불나방과도 같다. 솔직히 현실적인 안목만 갖고 살아간다면 그것처럼 각박한 삶도 없을 것이다. 오히려 적당한 기대와 환상은 때로는 각박한 현실을 버텨 내는 데 도움이 된다. 그러므로 결혼이란, 적당한 기대와 환상을 갖되 현실 감각을 놓치지 않는다면 잃는 것보다는 얻는 것이 더 많은 승산 있는 게임이다.

결혼, 하나가 아니라 열을 선택하는 것

연애하는 과정에서 두 사람 모두가 서로에 대한 사랑을 영원히 지켜 나갈 수 있다는 확신이 든다면 이는 결혼으로 성사될 가능성이 크다. 뿐만 아니라 결혼을 결정하지 못한 상태에서 아이부터 먼저 생겼다거나, 사랑의 감정 때문이라기보다는 상대방이 가진 조건에 현혹되었다거나, 어느 한쪽의 지나친 집착 때문에 억지로 이루어졌다거나, 부모님의 성화에 못 이겨서 될 대로 되라는 식으로 이루어진 결혼이 아니라면, 일단 그 결혼은 순조로운 출발을 시작했다고 볼 수 있다. 또한 두 사람 모두가 기꺼이 동의한 결혼은 가족들은 물론 친척들이나 직장 동료들, 친구나 선후배들로부터 지지를 받을 수 있다.

그러나 결혼은 '부부'라고 하는 단 하나의 관계만을 형성하는 것이 아니다. 부부관계를 통해 시아버지, 시어머니, 시누이, 시동생에서 장인어른, 장모, 처형, 처제에 이르기까지 다양한 관계들이 싫든 좋든 자동적으로 맺어지게 된다. 결국 결혼이란 단순히 한 사람만을 가족으로 선택하는 것이 아니라 그것을 통해 여러 명의 가족을 동시에 맞이하는 것이다. 이 대목에서 아들을 선보이는 자리에 자신도 선보일 필요가 있다고 말씀하셨던 고교 시절 국어선생님이 떠오른다. 그때는 뭐 그럴 필요까지 있겠나 싶었는데, 오늘날까지 기억되는 걸 보면 나름대로 꽤 인상이 깊었던 것 같다.

집안사정이라든가 식구들 성격이 어떤지를 미리 알아보고 난 후에야 비로소 그 사람과 교제를 할 것인지 말 것인지를 고민하는 사람은 없다. 미리 집안부터 알고 지내는 사이였다면 몰라도 말이다. 그러다 보니 두 사람 사이는 이미 깊어질 대로 깊어졌는데, 시어머니 되실 분 때문에 고민 고민하다가 결국 쓰라린 헤어짐을 선택해 버리고 마는 젊은 커플들을 보아 왔다. 더 큰 불행을 막기 위해서는 차라리 헤어지는 편이 백 번 낫다고 말할 수도 있다. 그러나 젊은 커플들이 이런 이유로 서로 헤어지는 것을 지켜보는 일은 참으로 마음 아픈 일이 아닐 수 없다.

그럼에도 불구하고 사랑하는 사람을 포기하지 않는다면, 분명 한 사람과만 결혼하는 것이 아니라 기꺼이 열 사람과 결혼하는 것을 선택하는 것이다. 사랑하는 사람의 가족 때문에 결혼을 포기한다는 것은 어쩌면 그 가족에게 문제가 있어서라기보다는 오히려 그에 대한 믿음이 부족해서 그럴 수 있다. 결혼식은 단 한 명의 남성과 단 한 명의 여성이 이제부터 부부로 하나가 되었음을 선언하고 또 이를 사

가족관계의 심리학

회적으로 알리기 위한 의식이다. 그러나 결혼식 날에는 배우자가 될 사람과만 결혼이 이루어지는 것이 아니라 배우자가 될 사람의 가족들과도 결혼이 이루어진다는 사실을 명심해야 한다.

피하지 말고 정면으로 부딪치기

솔직히 결혼은 했지만 남편의 가족들과 친해지는 일은 처음부터 수월한 것이 아니다. 뭐 딱히 마음에 들지 않아서 그럴 수도 있다. 하지만 그저 '시(媤)' 자가 붙은 사람들은 왠지 마음이 편하질 않고 앉아서 뭘 해 주기만을 바라는 것 같아 부담스럽기 때문이기도 하다. 또 친정에 가면 얼마 전까지 내가 살던 집이라서 아무리 결혼을 했다 하더라도 집에 들르는 데 부담이 없다. 하지만 시댁에 한 번 들르려면 이래저래 인사치례해야 하는 것들 때문에 여간 신경이 쓰이는 게 아니다. 더군다나 부엌일에 자신이 없는 새내기 주부라면 시댁에 가는 일은 거의 공포와 긴장의 도가니다.

우리나라와 같은 가부장제 사회에서는 아무리 결혼을 했다고 하더라도 자녀를 낳아야 비로소 진정한 가족의 한 사람으로 인정한다. 이것은 결혼한 며느리 입장에서도 마찬가지다. 남의 가정에 며느리라고 들어오긴 했지만, 모든 것이 낯설고 살가운 정을 붙이기가 쉽지 않았다. 그러나 이러한 심리적 거리감은 자녀를 얻고부터 상당히 좁아지는데, 이러한 느낌은 몇몇의 며느리들만이 느끼는 것이 아니라 우리나라 기혼여성이라면 누구나가 경험했을 법한 집단무의식에 가까운 것이다.

이와 같이 결혼을 해서 아이를 낳으면 처음보다는 훨씬 더 시댁이 편안하게 느껴질 것이다. 그러나 시댁을 편안하게 느끼게 되기까지 며느리만 노력해서 된 것은 아니다. 요즘은 옛날만큼 고부갈등이니 뭐니 하는 소리가 들려오지 않는 것 같다. 그 이유는 맞벌이하는 며느리들이 많다 보니 시어머니와 부딪칠 시간이 아예 없어서 그럴 수도 있고, 시어머니의 마음을 한 발짝 앞서서 헤아릴 줄 아는 새내기 며느리들의 센스 때문에 그럴 수도 있다. 시어머니는 또 시어머니대로 젊은 며느리의 기호를 거스르지 않도록 당신이 먼저 배려하기 때문에 그럴 수도 있고, 며느리와 어느 정도 거리를 두어 서로가 생활방식의 차이 때문에 눈치 보는 일이 없도록 하는 깔끔함 때문에 그럴 수도 있다.

그러나 세상을 살다 보면 상식을 벗어나는 일은 언제든 벌어지게 되어 있다. 두 사람 간의 차이가 너무 커서 그렇게 느껴질 수도 있고, 자신의 입장에만 충실하고 다른 사람의 입장에 대해서는 전혀 고려하지 않기 때문에 그럴 수도 있다. 고부 사이에도 이와 같은 일이 일어날 수 있다. 지금까지 나눈 이야기들은 대부분 우리의 상식적 수준에서 충분히 있을 법한 일들이었다. 그러나 이 땅의 무수한 며느리들은 오늘도 변함없이 예상을 뒤엎는 비상식적인 상황(?)과 전쟁을 치르고 있는 중이다. 이쯤 되면 아무리 내가 사랑해서 한 결혼이라지만, 후회 한 번 안 했을 리 없다.

앞에서 언급했듯이 사랑해서든, 운명 때문이든, 강요 때문이든, 때가 되어서든, 결혼은 한 사람과만 부부관계를 이루는 것이 아니라 그를 통해서 다양한 관계들이 자동적으로 만들어진다. 따라서 그와 헤어질 생각이 없다면, 그로 맺어진 다른 사람들과도 좋은 관계를 유지하도록 노력해야만 한다. '시댁 식구들은 어떻다더라.' '누구 시어머니는 어떻게 한다더라.' 하는 세상에 떠도는 이야기에 신경 쓸 필요 없다. 그건 어차피 떠돌아다니는 이야기일 뿐 나와는 상관이 없거나 상황이 아주 다른 이야기일 수 있다. 오히려 그런 이야기들이 시댁과 가까워지는 것을 방해할 수 있다.

누구나 처음부터 좋은 관계를 유지하는 것은 힘들다. 우선 싫든 좋든 자꾸 만나서 서로에 대해 탐색하고 이해하는 시간이 필요하다. 시간을 함께 보내는 동안에는 서로의 생각이나 행동, 습관에서의 차이가 노출될 수 있는데, 이것이 때로는 즐거움을 주기도 하지만 또 때로는 갈등을 불러일으키기도 한다. 서로의 차이 때문에 즐거울 수 있다면 그보다 더 바람직한 것은 없다. 그러나 갈등이 생기더라도 일단 언짢게 생각할 필요는 없다. 이것은 누가 옳거나 나빠서 생기는 것이 아니라 그야말로 각자의 선호 때문에 생기는 일이기 때문이다.

어디 여행을 가면 제일 먼저 찾아가는 것이 유적지다. 유적지에 가면 그 지역의 역사를 한눈에 살펴볼 수 있으며, 단지 역사가 오래되었다는 것만으로도 나라 전체의 자랑이 아닐 수 없다. 이렇게 기나긴 역사가 만들어지기까지 도대체 이곳에선 어떤 일들이 벌어졌을까? 가족의 역사도 마찬가지다. 결혼을 통해 내 가족의 이야기가 하나 둘씩 만들어지는데, 이런 이야기들은 때로는 찬란하고 영광스럽게, 또 때로는 비통하고 수치스럽게 장식될 것이다. 나를 포함해 우리 모두는 가족의 역사를 창조하는 주인공들이다. 그러므로 어떤 역사를 만들어갈 것인지는 전적으로 우리들에게 달려 있다.

며느리, 꼭 나쁜 것만은 아니다
-긍정적인 경험 발견하기

 새로운 지위가 생긴다는 것

원가족 내에서 나의 지위와 역할은 단순하다. 딸, 손녀, 누나/언니, 여동생 등이 그것이다. 솔직히 이런 지위들은 자연스럽게 생겨난 것이기 때문에 그에 따른 역할이라고 해서 뭐 특별히 새삼스러울 것은 없다. 부모님으로부터 칭찬받기도 하고 눈물 쏙 빠지게 혼나기도 하면서 어렸을 때부터 쭉 익혀 왔을 터이기 때문이다. 그러나 때로는 아버지나 어머니가 안 계시다는 이유로 가정 내에서의 딸의 역할이 상대적으로 커지는 경우가 있다. 특히 그 딸이 맏딸이라면, 그에 따른 심리적 부담은 동생들이 느끼는 것보다 훨씬 더 클 수 있다.

좀 더 나이가 들어 손위 오빠나 언니가 결혼을 하면, 그로부터 얼마 지나지 않아 예쁜 조카들이 하나 둘씩 태어나기 시작한다. 조카들이 태어나면 언니의 아이에게는 '이모'라고 하는, 또 오빠의 아이에게는 '고모'라고 하는 새로운 역할이 생겨난다. 그러나 이모나 고모 역할은 처음 해 보는 일이기 때문에, 도대체 조카들에게 어떻게 해 주어야 하는지 난감해진다. 특히 이모나 고모가 없었던 사람들에게는 그 난감함이 더할 수 있다. 이모와 고모 역할을 보고 배울 수 있는 대상이 없었기 때문이다.

난생 처음 이모나 고모가 되는 것처럼 기분 좋고 흥분되는 일도 흔하지는 않을 것이다. 갓 태어난 아기를 들여다보면서 여기가 언니를 닮았는지, 저기가 오빠를 닮았는지를 찾아보는 일은 이모나 고모가 되고 난 후에야 느낄 수 있는 신비로움과 즐거움이 아닐 수 없다. 그러나 이러한 즐거움 외에도 이모나 고모가 된다고 하는 것은 미혼 여성으로 하여금 결혼과 출산에 대한 자연스러운 동기를 갖게 한다는 의미가 있다. 그래서 어린 조카를 데리고 놀이터에라도 다녀올라 치면, 동네 분들이 모두 이구동성으로 시집갈 때가 되었다고 말씀하시곤 하는 것이다.

결혼을 하면 여러 가지 새로운 지위와 역할이 생겨난다. 가장 대표적인 것이 '며느리'인데, 남편의 형제 순위에 따라 맏며느리가 되기도 하고 둘째며느리나 외며느리, 혹은 막내며느리가 되기도 한다. 이 중에서 어떤 유형의 며느리가 되느냐에 따라 그 지위와 역할이 달라진다. 예를 들어, 막내로 자란 여성이 결혼을 해서 맏며느리가 되면, 예전의 철없던 모습은 사라지고 어느새 의젓한 맏이의 역할을 감당하기도 한다. 자리가 사람을 만든다고 하는 옛말이 딱 들어맞는 경우라 하겠다. 어쨌거나 지금까지 한 번도 며느리가 되어 본 적이 없는 새내기 주부들은 '며느리 노릇'에 대한 고민과 걱정이 많다.

며느리 외에도 큰어머니나 작은어머니, 올케나 동서, 제수씨 같은 지위들이 생겨난다. 그러나 이것들 역시 난생 처음 겪는 일이라 이제 갓 결혼한 신혼주부는 부담을 느끼거나 당황하지 않을 수 없다. 이처럼 결혼이란 사랑하는 사람과 부부의 연을 맺고 둘이 서로 협력해서 행복한 가족생활을 이루어 가는 출발선상에 놓이는 것이지만, 며느리, 올케, 동서, 제수 씨, 큰어머니 등등 새롭게 부여되는 갖가지 지위와 역할을 감당해야 하기 때문에 때로는 달콤한 신혼기를 보내는 것이 실제로는 어려울 수 있다.

며느리는 아무나 하나?

고부관계의 심리학

에피소드 #1

시어머니는 줄줄이 딸 넷을 낳은 후에야 귀하게 아들 둘을 더 두셨다. 그런데 그 아들 둘을 보기 전까지 마음고생이 엄청 심했다고 한다. 아들아들 하던 옛날에는 충분히 있을 법한 일이다. 내가 결혼한 사람이 바로 그 집안의 막내아들이다. 위로 형이 있고, 또 그 형 내외에게서 이미 아들을 두었는데도 불구하고 시어머니는 결혼하자마자 내게 아들은 꼭 있어야 한다고 강조하셨다. 시어머니 입장은 충분히 이해가 가지만, 그렇다고 아들을 낳고 안 낳고는 내 마음대로 되는 일이 아니기 때문에 시어머니의 첫 주문(?)이 부담스럽지 않을 수 없었다.

그러더니 결국 첫 애로 딸을 낳았다. 내 입장에서야 첫 아기이기 때문에 아들이든 딸이든 중요하지 않았다. 그저 건강하게 태어나

준 것만으로도 고마울 따름이었다. 아들을 은근히 고대하시던 시어머니도 손녀를 보시고는 특별히 별 말씀이 없으셨다. 그저 순산했으니 다행이라고만 했다. 그런데 둘째로 아들을 낳고 보니 상황은 완전히 달랐다. 한달음에 달려오신 시어머니는 글썽거리는 눈물을 훔치시며 짧게 한 마디 던지셨다.

"아가! 수고했다!"

그 모습을 바라보는 내내 가슴이 왜 그렇게도 뭉클하게 저려오던지…….

에피소드 #2

처음 결혼했을 때 남편은 평범한 회사원이었다. 연애할 때 워낙 돈을 잘 써서 이 사람 이 월급을 많이 받는가 보다 했다. 그런데 막상 결혼을 하고 보니 월급이라고 주는 것이 고작 90만 원 남짓이었다. 게다가 자기 다니던 대학 학자금 대출통장까지 고스란히 넘겨주는 것이 아닌가? 대학원에 진학해 공부를 더 해야 하는 내 입장에서는 참으로 기가 막힐 노릇이었다. 아르바이트 하면서 틈틈이 모아온 적금을 결혼비용에 보태지 않고 챙겨 온 내 자신이 그렇게 미울 수 없었다. 하는 수 없이 한두 해 더 과외를 하기로 했다.

그나마 남편은 직장을 오래 다니지도 못했다. 개인사업을 하기 위해서였다. 하지만 워낙 자본이 부족하다 보니 아이디어만으로 투자자를 모으는 일은 결코 쉽지 않았다. 결국 아쉬움을 뒤로한 채 하던 사업을 정리하고 다시 직장에 들어갔다. 그 후로도 이런 일이 몇 번 더 반복되었는데, 이런 일을 겪을 때마다 나는 우리 가족의 미래에 대해 점점 불안해지기 시작했다. 그래서 아차 싶은 생각에 마련한 것이 만약의 경우를 대비한 비밀계좌(?)였다.

어느 날, 당신 아들 사업이 궁금하여 며느리를 앉혀 놓고 이것 저것 물으시던 시어머니께서 대뜸 비밀통장 하나를 만들어 두었느냐고 정색하며 물으셨다. 솔직히 시어머니 앞에서 남편 몰래 비밀통장 하나를 만들어 두었노라고 대답하기도 어렵고, 그렇다고 아이도 있는 집 주부가 남편만 바라보며 넋 놓고 있었다고 말하기도 싫었다. 그래서 하는 수 없이 많진 않지만 아이의 장래를 위해서라도 만들어 둘 수밖에 없었노라고 구실삼아 대답했다. 그런데 시어머니의 반응은 의외로 간단명료했다.

"썩 잘했다!"

준비된 것이 아니라 되어 가는 것이다

몇 해 전에는 '열린' 이라는 수식어가 크게 유행하더니, 언제부턴가는 그 말이 쏙 들어가고 대신 '준비된' 이라는 말이 여기저기 따라 붙는 수식어로 사용되기 시작했다. 대학교수가 되고 싶다거나 지방자치 단체장에 출마할 생각이라면 수년 전부터 이를 위해 철저히 준비하지 않으면 안 된다. 철저한 사전 준비 끝에 실제로 교수나 단체장의 꿈을 이룬 사람을 보고 우리는 그를 '준비된 교수' 혹은 '준비된 단체장' 이라고 부르기도 했다.

그러나 이런 경우가 아니라면, 솔직히 우리 대부분은 무언가가 되기 전에 그에 대해 사전에 충분히 준비하지 못하는 경우들이 훨씬 더 많다. 예를 들어, '나는 이 정도면 충분히 훌륭한 부모가 될 자격이 있다.'고 판단한 후에 자녀를 가진 사람이 과연 몇이나 될까? 아무리 부모됨^{parenthood}에 대해 열심히 공부했다 하더라도, 이론과 실제는 다르지 않은가? 부모됨을 철저하게 준비해야 한다면, 결코 그 어떤 누구도 부모 노릇을 못했을지 모른다. '훌륭한 부모'란 태어나는 것도 아니고, 따로 있는 것도 아니다. 자녀와 함께 성장하면서 조금씩 훌륭한 부모가 '되어 가는' 것이다.

며느리 역할도 이와 마찬가지라는 생각이 든다. 누구나 우리 집안에 며느리 잘 들어왔다는 칭찬을 받고 싶을 것이다. 그러나 처음부터 '좋은 며느리'에 대해 집착할 필요는 없다. 또 처음부터 '좋은 며느리'가 되는 일은 결코 쉽지 않다. 사람마다 '좋은 며느리'에 대한 이미지가 서로 다를 수 있기 때문이다. 그래서 굳이 하나의 상 ^{image}을 만들어 놓고 스스로 그 역할에 잠식될 필요도 없다. 각 가정마다 특별하게 요구되는 '며느리 역할'이 있게 마련인데, 그것을 얼마나 잘 인식하면서 며느리 역할을 수행하느냐가 바로 '좋은 며느리'가 되어 가는 과정인 것이다.

앞서 새로운 지위를 갖게 되면, 그에 따른 역할이 요구된다고 했다. 새로운 지위가 생긴다는 것이 꼭 번거롭고 거추장스러운 것만은 아니다. 새로운 역할을 받아들이고 그것에 도전해 보는 것 또한 흥미롭고 새로운 경험이 될 수 있다. 자녀를 낳고 '어머니'의 역할이 그럴 수 있고, 조카를 얻고 '고모'나 '이모'의 역할이 그럴 수 있고, 며느리를 얻고 '시어머니' 역할이 그럴 수 있고, 손자를 얻고 '할머니' 역할이 그럴 수 있다. 새로운 역할에 겁낼 필요는 없다. 하나씩 체험해 나가다 보면 하나 둘 내 편도 생기고, 의외로 짭짤한 소득도 챙길 수 있다.

며느리 리더십 발휘하기
-창조적 고부관계 형성

  리더십(leadership)에 관한 중요한 한 가지

　　자고로 인간관계에서 승리(?)하려면 밀고 당기기를 잘해야 하는 법이다. 솔직히 모든 인간관계는 너무 가까워서 문제가 되기도 하고, 너무 멀어서 문제가 되기도 한다. 하지만 사람 사이에서 적당한 관심과 적당한 거리를 유지하는 것은 결코 쉽지 않은 일이다. 인간관계에서 이러한 밀고 당김은 가히 '예술'의 수준이라 할 수 있다. 그 때문인지 몰라도 영업하는 사람들을 보면 존경스러운 마음이 든다. 사람들의 각기 다른 취향을 그렇게 민감하게 잘 다룰 수 있다는 것은 생각만큼 쉬운 일이 아니기 때문이다.

　　리더십leadership은 여러 사람을 이끌기 위해 요구되는 특별한 기술이다. 하지만 경우에 따라서는 자기 자신이나 조직을 운영하기 위해 특별한 리더십이 필요한 경우도 있다. 셀프 리더십self-leadership이니 서번트 리더십servant leadership이니 하는 것들을 들어 본 적이 있다면 충분히 이해할 수 있을 것이다. 자기보다 나이가 많다고 그를 리드해서는 안 된다는 생각은 옳지 않다. 나이가 많고 적고를 떠나, 우리가 원하는 환경을 스스로 창조하고 변화시키기 위해서는 다양한 사람들을 다룰 줄 알아야 한다.

지금까지 우리는 '시어머니'에 대한 편견과 고정관념 속에서 생활해 왔을 것이다. 즉, 시어머니는 무조건 어렵고, 까다롭고, 부담스럽고, 형식적이고, 따라서 시어머니를 거슬러서는 안 되고 무조건 순종을 요구하는 사람이라고 내가 먼저 고집했을지도 모른다는 뜻이다. 실제로 정도의 차이에 따라 어떤 시어머니는 진짜 그럴 수도 있고, 또 어떤 시어머니는 전혀 그렇지 않을 수도 있다. 어쨌거나 배우자와 가정을 이루어 행복하게 살려는 의지가 있는 사람이라면, 며느리로서 살아남기 위해 다음과 같은 리더십을 발휘해 볼 필요가 있다.

시어머니는 친정어머니처럼 될 수 없다.

인생에서 두 번째 맞는 어머니 앞에서 며느리는 항상 친정어머니와 시어머니를 비교할 것이다. 지금까지 살아오면서 친정어머니에 익숙해져 있기 때문이다. 그러나 시어머니는 결코 친정어머니처럼 될 수 없다. 시어머니^{mother-in-law}는 법적으로 맺어진 형식적인 관계이므로, 나를 낳고 키워 주신 친정어머니^{biological mother}와는 근본적으로 다르다. 그렇다고 시어머니까지 사랑하면서 배우자를 고를 수는 없다. 고부관계가 마치 나와 친정어머니 같은 관계처럼 맺어져야 한다고 생각하는 것도 무리다. 기대 그 자체가 나쁜 것은 아니지만, 기대가 큰 만큼 실망도 큰 것이 문제가 될 수 있기 때문이다. 비록 고부관계가 '사랑' 이라는 따뜻한 감정에서 출발한 것은 아니라 할지라도, 이제부터 고부끼리의 '사랑' 을 키워 나가면서 새로운 모녀관계를 만들어 나가야 한다. 어차피 모든 인간관계는 생면부지의 만남을 시작으로 서로에 대해 알아 가는 과정이다. 시어머니에게서 친정어머니의 모습을 강요(?)하지 않는다면, 고부간의 사랑은 충분히 가능한 일이다.

남편에게 편 가르기를 강요하지 말라.

엄마가 좋냐, 아빠가 좋냐를 물어보는 것처럼 어린아이들을 곤란하게 하는 질문도 없을 것이다. 마찬가지로 고부 사이에 갈등이 발생했을 때 남편에게 '어머니와 나, 둘 중에 하나를 선택하라.' 는 식으로 감정적으로 대응하는 경우들이 있다. 부부관계가 아무리 허물없는 무촌관계라고는 하나, 모자관계는 부부관계보다 앞서 맺어진 것이다. 따라서 '사랑' 이냐 '혈육' 이냐를 놓고 하나를 선택하라고 하는 것은 잔인한 요구가 아닐 수 없다. 시어머니에 대한 험담은 자칫 남편에 대한 모독이 될 수 있으므로 세심한 주의가 필요하다. 따라서 모자관계를 인정해 주면서, 다른 한편으로 며느리로서의 입장과 고충을 객관적으로 전달하도록 하는 게 현명하다. 남편이 며느리로서의 아내의 입장을 이해하지 못할 때는 장모와 사위의 관계로 입장을 바꾸어 설명하는 것도 필요하다. 그래야 고부 사이에서 남편이 살아남을 수 있다.

시어머니로부터 독립하라.

결혼을 하고 나면 아들은 자신의 어머니로부터 심리적으로나

고부관계의 심리학

정서적으로 독립해야 한다. 이제 이들의 애착 대상은 부모가 아닌 아내이며 가족이다. 처음부터 애착분리detachment가 일어나는 것은 누구에게나 쉬운 일은 아니다. 그러나 결혼 전과 같은 모자관계가 결혼 이후에도 비슷한 수준으로 이루어진다면, 이는 분명 부부관계에 좋지 않은 영향을 미칠 것이다. 뿐만 아니라 시댁으로부터 물질적으로나 경제적으로 독립하는 것도 고부관계를 바로 세우는 데 매우 중요하다. 독립이 없는 한 간섭(?)을 피할 수는 없다. 시어머니로부터 내 생활에 간섭받기를 원치 않는다면, 동시에 시댁으로부터 뭔가를 기대하는 일도 포기하지 않으면 안 된다. 우리나라 사람들은 일반적으로 부모의 도움에 대해 너그러운 편이다. 그러나 그러한 도움의 이면에는 의무와 책임도 따른다는 점을 잊지 말자. 도움받을 것은 다 받으면서 정작 자신의 도리와 책임을 나 몰라라 한다면 시댁과의 갈등은 불 보듯 뻔한 일이다. 시어머니에게 당당해질 수 있으려면, 어렵고 힘든 일이 있더라도 부부 두 사람이 스스로 해결해 보겠다는 의지와 용기가 필요하다.

시어머니를 칭찬하라.

세상에 꼭 좋은 성격이란 없다. 각자마다 장점과 단점이 있게 마련이고, 그러한 장단점에 대한 각자의 선호가 있을 뿐이다. 장점과 단점은 손바닥 뒤집기처럼 간단하다. 예를 들어, 생각이 많고 느린 사람은 신중해서 좀처럼 실수하는 법이 없다. 또한 말이 많고 활동적인 사람은 항상 새롭고 재미있는 정보들을 물어다 준다. 우리가 그 사람의 성격을 어떻게 평가하느냐에 따라 좋은 관계를 맺을 수도 있고 그렇지 않을 수도 있다. 그러므로 피할 수 없는 관계라면 상대방의 긍정적인 면을 살펴볼 필요가 있다. 사사건건 내 일에 관심이 많으신 시어머니는 내가 잘할 수 있을까 염려가 많은 거다. 여기가 아프다 저기가 아프다 만날 때마다 투정하시는 시어머니는 내 관심과 사랑이 필요한 거다. 보다 긍정적인 시각으로 사람을 바라보면 의외로 갈등 해결의 실마리가 쉽게 잡힌다. 뻔한 칭찬, 속이 들여다보이는 칭찬도 듣는 사람의 입장에서는 진심 어린 칭찬과 별반 차이가 없다. 그러니 시어머니를 좀 더 긍정적으로 평가해 보고, 이를 여러 사람 앞에서 아낌없이 칭찬하라. 칭찬은 가장 경제적이면서도 매우 효과적인 방법이다.

무조건 참지 말고 명확하게 표현하라.

고부관계의 심리학

팔이 안으로 굽듯 대개의 시어머니들은 보통 자식의 입장을 먼저 헤아린다. 뿐만 아니라 큰며느리는 큰며느리라서, 둘째며느리는 형편이 어려워서, 셋째며느리는 아이들이 많다는 이유로 시어머니의 편애가 심기를 건드릴 수 있다. 시어머니도 신이 아닌 이상 모든 며느리들에게 자로 잰듯 매번 공평하게 대할 수는 없다. 그러나 그렇다고 무조건 참고 견뎌야만 하는 것은 아니다. 참고 견디면 언젠가는 내 공을 알아주겠지 하는 막연한 기대는 절대 금물이다. 차라리 쌀쌀맞고 냉정하다 못해 때로는 발칙하다는 소리를 듣는 한이 있어도 할 말은 하는 것이 좋다. 단, 같은 말을 하더라도 상대방의 기분을 상하지 않게 하는 것이 좋은데, 한 가지 방법은 '내 입장I-position'에 대해서 서두를 꺼내는 것이다. '네가 이래서 기분 나쁘다.' 식보다는 '나는 이런 걸 원한다.' 식의 제안이 훨씬 더 생산적이다.

서로의 입장 차이를 인정하라.

딸네만 김치를 담가 주시는 시어머니가 말은 못하지만 야속할 수 있다. 그러나 시어머니 입장은 다를 수 있다. 딸네는 배추 값이 얼마 들었다 말할 수도 있지만, 며느리한테는 그 소리가 안 나온다. 김치는 입맛이라고 딸이야 내 손으로 담근 김치에 익숙하겠지만, 며느리 입에는 안 맞을 수도 있다. 기껏 해다 주는데 입맛에 맞지 않는다면 며느리가 얼마나 난처하겠는가. 안 받을 수도 없고, 그렇다고 몽땅 내다 버릴 수도 없고. 또 김치 안 해 먹일까 봐 일일이 갖다 주고 생색낸다고 할까 봐 시어머니는 더럭 겁이 나기도 한다. 이런저런 서운함 때문에 고부끼리 티격태격하다 보면 어느새 명분은 사라지고 입장 차이만 덩그렇게 남는다. 사람 사이의 갈등은 원인과 결과를 분명하게 구분하기 어려운 것들이 많다. 따라서 싸움이 터지기 전에 한 번 더 서로의 입장 차이에 대해 검토해 보는 것이 필요하다.

시어머니와 며느리의 영역을 구분하라: 경쟁관계에서 협조체계로

시어머니와 며느리가 한 가정 안에서 똑같은 역할을 담당하려 할 때는 충돌이 일어날 수 있다. 특히 며느리가 전업주부인 경우에 그 가능성은 더 크다고 할 수 있다. 또 결혼 전에는 서로 잘 맞는 것 같다가도 결혼한 후에 그렇지 못한 경우들이 많다. 각자마다 생활습관이나 버릇, 기호, 취향 같은 것들이 서로 다르기 때문이다. 이럴 땐 시어머니와 며느리가 동시에 같은 일을 놓고 경쟁하기보다는 각자 좋아하는 일, 잘하는 일들을 자율적으로 떼어서 분담하는 것이 좋다. 예를 들어, 시장 볼 목록은 시어머니가 정리해 주고 시장을 보러 가는 것은 운전하는 며느리가 하도록 한다거나, 김치는 시어머니가 담가 주시는 대신 며느리는 나머지 반찬을 준비하도록 할 수 있다. 뿐만 아니라 한 집안에서 시어머니와 부딪치는 시간이 너무 많으면, 이 시간을 어떻게든 줄여 보는 것도 좋다. 예를 들어, 시어머니에게 종교생활이나 노인대학, 약수터 배드민턴 모임, 취미활동 등을 권할 수 있다. 시어머니를 경쟁의 대상이 아닌 협조의 대상으로 만들자.

책임은 확실하게, 그러나 한계를 정하라.

생활비나 용돈 드리기, 주기적으로 방문하기, 안부전화 드리기와 같은 시어머니에 대한 경제적, 심리적인 배려는 아들부부가 먼저 자발적으로 실천하는 것이 좋다. 아들 부부로서의 책임을 확실하게 해야 나중에 권리 주장도 수월해지는 법이다. 그러나 인격 모독이나 경제적 핍박 등에 대해서는 분명하게 입장을 밝혀야만 한다. 기본적으로 양보할 수 없는 한계를 정하고, 그 안에서는 양보할 것은 양보하고 무시할 것은 무시하는 것이다. 제일 어리석은 것은 큰 것을 참고 그것이 응어리져서 사소한 일에 분노를 표출하는 것이다. 그때는 성격 나쁜 며느리, 버릇없는 젊은 것이라는 소리를 들을 수밖에 없다. 며느리가 제일 듣기 싫어하는 말이 '애비 얼굴이 왜 이렇게 상했냐, 보약이라도 한 제 해 줘라.' '애비 옷이 저게 뭐냐, 남편한테 잘해야 저도 빛나는 거다.' '애들만 해 먹이지 말고 애비도 좀 거둬라.' 같은 말들이다. 이럴 때는 그냥 아들에 대한 어머니의 안타까운 심정쯤으로 여기고, 감정적으로 대처하지 않는 것이 좋다.

시댁 가족들을 협조자로 만들라.

'시^媤' 자 들어가는 사람들을 무조건 두려워할 필요는 없다. 두

고부관계의 심리학

려움을 피하는 좋은 방법은 그냥 그 두려움에 그대로 직면하는 것이다. 다시 말해 시댁 가족들에 대한 두려움은 시댁 가족들과 자꾸 만남으로써 줄어들 수 있다는 말이다. 특히 시어머니와 사이좋게 지내고 싶은데도 이상하게 자꾸 부딪치는 며느리가 있다면, 시어머니에 대해 나보다 더 많은 정보를 갖고 있는 시댁 가족들로부터 도움을 받을 수 있다. 시어머니가 무엇을 좋아하고 무엇을 싫어하시는지, 뭘 잘하시고 뭘 하기 싫어하시는지, 어떤 특별한 버릇이나 습관이 있는지, 이럴 때 어떻게 하는 게 좋은지 등에 대해 하나하나 물어보는 것이다. 시어머니와 잘 지내 보려고 노력하는 며느리/아내/올케/동서를 모른 척할 사람은 없다. 조금만 용기를 내서 도움을 청하면, 의외로 쉽게 나를 도와줄 협조자를 구할 수 있다.

나도 시어머니가 될 수 있음을 명심하라.

시어머니가 며느리에게 서운함을 느낄 때마다 곧잘 하는 소리가 있다. '너도 나중에 시에미 돼 봐라.' 다. 그것은 며느리도 언젠가 늙으면 자신과 같은 처지가 될 것이라는 예언이다. 봄이 오고 여름이 가면 가을이 오는 자연의 이치와 같은 이야기다. 이런 시각에서 시어머니의 삶을 같은 여성으로서 이해하는 것이 필요하다. 시어머니는 남편과 자식을 위해 최선을 다하신 분이다. 그리고 지금은 나이가 들어 경제적으로나 심리적으로 자녀들에게 의지할 수밖에 없는 상황이다. 따라서 시어머니의 처지를 이해하고 자기만족을 얻을 수 있는 통로와 새로운 기회를 갖도록 도움을 주는 자세가 필요하다. 노인네는 그저 며느리에게 모든 것을 맡기고 애를 돌보거나 김치를 담그는 일 정도만 하면 된다는 식의 고정관념은 자신이 늙었을 때 제 몫으로 돌아온다는 사실을 알아야 한다. 같은 여자로서 공감대를 형성할 때 시어머니 역시 며느리이기 전에 같은 여성으로서의 동질감을 갖기 시작할 것이다.

고부관계의 심리학

내 경험 안에서 '좋은 시어머니' 되기
-한계 극복하기

노을이 엄마가 화가 난 이유

좋은 어머니가 되는 일은 결코 쉽지 않다. 우선, 어떤 어머니가 좋은 어머니인지부터가 정의되어 있지 않기 때문이다. 서점에 가면 자녀들을 훌륭하게 키운 '좋은 어머니'에 관한 책들이 즐비하게 널려 있다. 하지만 과연 책에 나오는 '그 어머니'가 진짜 좋은 어머니인지, 그냥 '내 어머니'가 좋은 어머니인지부터가 헷갈린다. '그 어머니'가 아무리 훌륭하다 할지라도 결코 '내 어머니'를 대신할 수 없기 때문이다. 어쩌면 '좋은 어머니' 자체가 이상이고 환상일 수 있다. 그럼에도 불구하고 자녀를 가진 수많은 여성들은 '좋은 어머니'가 되기 위해 열심히 노력하고 있다.

'좋은 어머니'가 되는 일도 힘들지만, '좋은 시어머니'가 된다는 건 더더군다나 감이 안 잡히는 일이다. 며느리의 도리는 '효부상'이라 하여 전통적으로 기려 왔다. 그런데 시어머니가 며느리한테 어떻게 해야 한다는 소리를 지금까지 들어본 적이 없다. 그 뜻은 며느리는 무조건 시어머니에게 맞춰야만 한다는 것일까? 며느리가 시어머니에게 이렇게 저렇게 해야 한다면, 시어머니는 과연 며느리에게 어떻게 하는 것이 좋을까? 내 시어머니는 과연 좋은 시어머니라고 말할 수 있을까?

하루는 음식 솜씨가 좋은 노을이 엄마가 김치를 담그고 있었다. 하도 김치 맛이 좋아 이를 배워 볼 요량으로 혜진 씨가 곁에 앉았다. 김치에 관한 이야기가 질펀하게 오고 가다가, 어느새 자연스럽게 시어머니에 대한 이야기로 이어졌다. 노을이네 시어머니는 다른 집 시어머니들과 별반 다를 게 없어 보인다. 집에 한 번 들르시면 대접만 받다 가신다, 물려줄 재산도 없으니 누가 모시려고 하겠느냐, 안부전화하면 은근히 돈 좀 부쳐달라시는 것 같아 부담스럽고 짜증난다 등등의 이야기들이었다.

"아, 참 근데 솔비네 시어머니는 어떠셔?"

집안의 치부를 드러낸 것 같아 은근히 민망했던 노을이 엄마가 이번에는 남의 집 시어머니가 궁금했다.

"네? 아 저희 시어머니요? 친정어머니가 여기 없어서 하는 얘긴데, 솔직히 저는 친정어머니보다 시어머니가 훨~~~씬 좋아요. 얼마나 잘해 주시는데요. 전에는요….."

이러면서 솔비네가 한참 시어머니 자랑을 늘어놓으려 하는 순간, 노을이 엄마는 갑자기 짜증이 확 밀려 왔다. 솔비네는 좋은 시어머니 만나 이렇게 사람들한테 자랑까지 해대는데, 누구는 짜증 나는 일만 자꾸 생겨서 좋은 며느리가 되고 싶어도 도대체 그렇게 될 수 없으니……. 노을이 엄마로서는 솔비네 시어머니 말만 들어도 배가 아플 지경이다. 그러니 곁에서 간 본다며 야금야금 김치만 축내고 있는 혜진 씨가 얼마나 얄미웠겠는가.

"애들 올 시간인데, 안 나가 봐요?"

성공적인 시어머니 다루기

미경 씨는 시어머니에게 하나밖에 없는 며느리다. 남편이 외아들인 까닭이다. 시아버지는 한국전쟁 때 홀홀단신으로 남하한 실향민이었다. 게다가 남편 어렸을 때 일찌감치 돌아가신 탓에 가족이라고는 달랑 어머니와 아들 둘뿐이었다. 그나마 어머니 쪽 친척들이 있기는 하였는데, 혼자서 아들 키우며 이일 저일 닥치는 대로 하다 보니 어느새 자연스럽게 그들과 왕래가 끊어져 버렸다. 그래서 이 두 어머니와 아들은 누구에게 의지하는 것이 익숙하지 않을 뿐더러 그럴 만한 눈꼽 만큼의 여지도 없었다.

아들은 홀어머니와의 삶이 각박했던지, 결혼하고 나서도 어머니와 함께 살길 원치 않았다. 이것이 계기가 되어 시어머니는 외아들의 결혼식을 마치자마자 뉴욕으로 떠나 버렸다. 그러니 외며느리 미경 씨는 시어머니와 함께 살아 본 적도 없고, 명절이랍시고 상 차리고 차례 지내고 할 것도 없었던 것이다. 그러던 차에 시어머니는 최근 병세가 악화되면서 더 이상 하던 일을 못하게 되었고, 아들은 이제 안 되겠다 싶었는지 뉴욕까지 가서 시어머니의 살림을 모두 정리하고 한국으로 모셔왔다.

"제가 시어머니와 잘 지내는 것 같다고요? 겉으로 보기에는 그

157

part 3. 당당한 며느리로 거듭나기

럴지 몰라도 실제로는 전혀 그렇지 않아요. 솔직히 저는 시어머니랑 같이 살아도 별로 스트레스 안 받을 줄 알았어요. 워낙 독립심이 강한 분인지라 지금까지 아들한테 돈 한 번 보태 달라 하신 적이 없거든요. 그런데 최근 건강 때문에 우리랑 합치게 되었는데, 막상 합치고 보니 불편한 점이 한두 가지가 아니더라고요. 서로한테 익숙하지 않은 생활이라 그런지 너무나 불편하고 눈치가 보였어요. 저도 저지만 무엇보다 남편이나 아이들도 불만이 많았어요. 제가 중간에서 가족들 눈치까지 봐야 하니 두 배로 힘들더라고요."

언제나 적극적으로 생활해 오던 미경 씨가 한동안 부쩍 말수가 적어지고 표정까지 어두웠다. 그저 멀리 있는 분으로만 생각했던 시어머니가 새로운 가족으로 들어온 후부터다. 지금까지 하루에 한 끼 정도는 가볍게 빵이나 스테이크로 때울 수 있었는데 이제부터는 꼬박 세 끼가 밥이어야 한다. 거동이 불편해서 밖에 나가실 수 없다 보니 거실 텔레비전은 항상 켜져 있다. 족보까지 있는 애완견에게 칼로리 높은 음식들을 덥석덥석 던져 주시니 때때마다 이만저만 난처한 것이 아니다. 개 때문에 시어머닐 나무랄 수도 없고…….

하지만 미경 씨가 누구인가? 이대로 있다가는 가족 모두가 폭발해 버리고 말 것만 같은 생각이 들었다. 미경 씨는 마음 단단히 먹고 이제부터 시어머니와 함께 공존(?)하기 위한 여러 가지 방법들을 찾아보기로 했다. 우선 저녁에 빵이나 스테이크를 먹으려면 아침에 미리 밥을 좀 넉넉히 해 두기로 했다. 밥을 찾으시는 시어머니를 위한 배려에서다. 또 작은 텔레비전을 한 대 더 구입해서 시어머니 방에 놓아드렸다. 거실에 늘 켜져 있는 텔레비전 소리가 귀에 거슬렸기 때문이었다. 강아지 사료는 작은 병에 담아 시어머니 곁에 두었

고부관계의 심리학

다. 이는 강아지에게 먹이를 주고 싶을 때 음식 대신 사료를 주도록 하기 위해서다.

그것만이 아니다. 미경 씨는 시어머니에 대해 궁금한 게 있으면 그냥 넘기는 법이 없다.

'어머니, 그건 왜 그렇게 하시는 거예요?'

'어머니, 그럼 제가 그럴 때 이렇게 해드리면 어떨까요?'

'어머니, 이게 좋으세요, 저게 좋으세요?'

'어머니, 저는 이렇게 하는 게 좋을 것 같은데 어머니 생각은 어떠세요?'

시어머니는 시도 때도 없이 이것저것 물어오는 며느리 미경 씨 때문에 은근히 짜증이 나기 시작했다. 그걸 눈치 못 챌 미경 씨도 아니다. 그러나 함께 살지 않던 사람들이 함께 살아가기 위해서 필요한 것이 규칙들이라는 것을 미경 씨는 누구보다 잘 알고 있다. 안정적인 생활을 하는 가족은 규칙이 잘 형성되어 있다. 미경 씨는 지금 그러한 규칙을 만들어 가고 있는 중이다.

'좋은 시어머니'를 실험하자

'시어머니 역할'에 대해 처음으로 배우는 대상은 내 시어머니로부터 비롯된다. 내 시어머니가 좋은 분이셔서 다행히 나의 결혼생활이 풍성했다면, 그 집 시어머니야말로 훌륭한 시어머니, 좋은 시어머니의 전형이 될 수 있다. 좋은 시어머니와 함께 생활한 며느리들은 일단 '시어머니 역할'에 대한 좋은 역할모델을 가진 것만은 확실하다. 이제 그러한 역할모델을 통해 시어머니 역할에 대해 제대로 배웠으니, 이제 앞으로 시어머니로서의 역할을 얼마나 잘 수행하느냐의 문제만 남아 있는 것이다.

그러나 시어머니 때문에 결혼생활이 힘들었다면, 일단 그 집 며느리는 좋은 시어머니 역할모델을 갖지 못한 것이 확실하다. 적절한 역할모델을 찾지 못하는 한, 그녀에게 좋은 시어머니 역할을 기대하기란 쉬운 일이 아니다. 욕하면서 배운다는 옛말이 있듯이 시어머니의 좋지 않은 점을 늘 불평하고 비판해 왔으면서도, 그녀에게 익숙해져 버린 탓인지 나의 시어머니의 역할도 그녀의 모습과 크게 다르지 않음을 확인할 수 있다. 시어머니들끼리 모여서 하는 이야기를 듣다 보면 이런 이야기들을 심심찮게 들을 수 있다.

"어느 날 문득 거울을 보는데, 내 모습 속에 나를 그동안 그렇게 힘들게 했던 시어머니의 모습이 보이더라구. 그걸 보면서 내가 얼마나 놀랐는지 몰라."

참으로 슬픈 이야기다.

고부관계의 심리학

좋은 며느리가 되는 방법을 찾아보기 힘들듯 좋은 시어머니가 되는 방법 또한 그러하다. 좋은 며느리 혹은 나쁜 며느리, 좋은 시어머니 혹은 나쁜 시어머니를 나누고 잘라서 생각하기보다는, 며느리와 시어머니가 서로 만족할 수 있는 관계를 만들어 나가려는 노력이 필요하다. 인간관계는 한 사람만으로는 이루어질 수 없다. 최소한 두 사람 이상이 포함되어야 '관계'가 형성되는 것이다. 따라서 그러한 관계가 원만하게 이루어지기 위해서는 한 사람만의 노력으로 가능한 것이 아니다. 서로의 노력이 필요하다.

지금까지 시어머니에 대한 좋은 기억이 없더라도 내 며느리의 행복을 위해, 아니 더 나아가서는 내 며느리의 '시어머니됨'을 축복하기 위해 어떤 시어머니가 그의 며느리를 진정으로 행복하게 할 수 있는지 고민해 보도록 하자. 내가 좋은 경험을 하지 못했다고 해서 내 며느리에게도 그러한 경험을 물려주어서는 안 된다. 역할은 시대에 따라 변한다. 그러한 역할 변화에 민감하게 대응하지 않으면 아무리 노력해도 시어머니와 며느리는 결코 잘 지낼 수 없다.

착한 며느리 콤플렉스 벗어나기
- 고부관계 진화하기

 시댁이 편하지 않다

앞 부분에서 시어머니의 역할을 다양한 인간관계의 폭을 넓혀 주는 세대화합의 중간적 존재로 보았었다. 논리적으로 보면 그게 무슨 문제가 있어 보이지는 않는다. 그렇다면 요즘 신세대 며느리들도 과연 시어머니를 그렇게 생각할까? 젊은 며느리들은 남편 쪽보다 오히려 친정 쪽 사람들과 가까이 지내는 경우들이 더 많은 것 같다. 시댁에서의 부당한 대우(?)를 호소하기 위해 발 빠르게 인터넷 카페를 찾아나서는 신세대 며느리들의 글 몇 개만 읽어 보아도 금세 알 수 있다. 혹자는 이러한 몇몇 현상들을 한데 묶어 '신新 모계사회로의 회귀'라고까지 언급하기도 했다.

일단 며느리 입장에서 시댁은 편할 리 없다. 시댁 쪽 친인척들 중에서 며느리보다 낮은 지위를 갖고 있는 사람은 없다. 이는 가부장제적 전통이 아직도 가족제도 곳곳에 남아 있는 오늘날에도 마찬가지다. 특히 이제 막 결혼한 새며느리는 아직 어리고 여자인 데다가 다른 집안에서 새로 들어온 존재이기 때문에 지위가 집안에서 가장 낮다고 해도 과언이 아니다. 그러니 며느리가 시집에서 하는 일이라는 게 잡다한 부엌일을 거들고 어른들 접대하는 일이니, 이런 주종적인 관계를 대체 어떤 며느리가 좋다고 하겠는가.

시댁 쪽 친척들끼리 모이면 어느 며느리는 싹싹하게 어른들 비위를 잘 맞추고, 어느 며느리는 집안 살림을 똑 소리 나게 잘하는데, 어느 며느리는 싸가지가 없어서 그 집 어른들이 맘고생을 심하게 한다고 하면서 열심히 며느리들을 비교하고 폄하하기 바쁘다. 왜 시댁 식구들은 며느리들로부터 당연히 대접을 받아야만 한다고 생각할까? 오히려 집안일에 대해 이제부터 배워 나가야 하는 새내기 가족원으로 더 잘 대해 줘야 하지 않을까? 미국 드라마나 리얼리티 프로그램을 보면, 그들은 마치 며느리를 손님 대하듯 예의를 갖추고 충분히 배려하는 것을 볼 수 있다. 우리나라에선 좀처럼 찾아보기 힘든 장면이다.

앞으로는 혈연으로 맺어진 인간관계보다 본인의 취향이나 코드, 경험, 취미 등이 비슷한 사람들과의 만남이 우리 삶을 훨씬 더 풍부하게 해 줄지도 모른다. 가족이나 친인척관계는 구성원으로서의 출입이 자유롭지 못하기 때문에 맘에 안 들어도 어쩔 수 없이 최소한의 관계를 유지해야만 한다. 그러나 다른 사회집단은 구성원으로서의 출입이 자유롭고 스스로 선택한 집단이다 보니 불필요한 잡음도 없다. 인구수도 점점 적어지고 있고 핵가족화가 되다 못해 싱글맘, 동거커플, 비혼녀, 비혼남들이 늘어가는 있는 시점에서, 가부장제적인 요소가 많이 남아 있는 친인척 관계가 여전히 중요할까? 우리나라 친인척관계는 지금과는 분명 다른 방식으로 진화해 가야 할 필요성이 있다.

착한 며느리 과감하게 던져 버리기

고부간의 갈등을 단순히 시어머니와 며느리 간의 인간적인 갈등으로 볼 수도 있겠지만, 보다 거시적인 관점에서 보자면 사회 변화에 따른 시어머니와 며느리의 적응유연성의 차이 때문으로 볼 수 있다. 우리가 살고 있는 이 사회는 하루가 다르게 변모해 가고 있는데, 노부모 세대는 젊은 세대만큼 신속하고 유연하게 사회변화에 대처하지 못하고 있다. 한 개인의 가치관은 그가 속한 사회의 문화적, 역사적, 시대적 배경뿐 아니라 개인의 생활경험과 밀접하게 관련되어 있으며, 오랜 기간에 걸쳐 형성되는 것이기 때문에 쉽게 변하기를 기대하는 것은 어려운 일이다. 그러다 보니 젊은 세대들의 생각과 행동을 이성적으로는 이해할 수 있어도 감정적으로는 받아들이기 힘든 부분이 있다.

노부모 세대는 싹싹하고 어른들을 깍듯이 모시며 부모를 잘 공경할 줄 아는 며느리를 여전히 최고의 며느리라고 여길 것이다. 심지어는 분명히 어려울 거라는 점을 잘 알면서도 며느리가 어떻게 나오나 묵묵히 지켜보겠다는 분들도 있다. 그들이 어떠한 것을 기대하든, 누구나 좋은 며느리, 칭찬받는 며느리가 되고 싶어 할 것임은 당연하다. 하지만 누구에게 좋은 사람이고, 무엇 때문에 칭찬받고 있는지 곰곰이 생각해 보자. 거기에 지나친 자기비하와 맹목적인 헌신

고부관계의 심리학

이 숨어 있는 것은 아닐까? 처음부터 착했다가 이제부터 착하지 않겠다고 선언하는 것은 처음부터 착하지 않았던 것만 못하다.

이쯤에서 우리는 착한 며느리 콤플렉스를 과감하게 벗어던질 필요가 있다. 자신의 양심과 도덕에 비추어 시부모를 대하면 된다. 단, 그것이 사회적으로 비판받지 않을 만큼 균형과 조화를 이룬다는 전제하에서 말이다. 시부모 앞이라고 무조건 자신의 생각을 꾹꾹 누르지는 말자. 그것 때문에 화가 났다고 나중에 남편한테 불평하는 것도 정의롭지 못하다. 처음에는 어렵고 힘들겠지만, 내 안에서 무슨 말을 하는지 귀담아 듣고 그때그때마다 자신의 생각을 솔직하게 정리해서 말씀드리는 것이 좋다. 어떤 며느리가 되어야 할지 미리 전략(?)을 세워 보는 것도 좋은 방법이 될 수 있다.

며느리의 정체성 찾기

우리 사회도 이제 여권주의가 물러가고 평등주의가 새롭게 자리잡기 시작했다. 최근 자녀출산율이 저하되면서 아들 출산에 연연해하지 않는 경향이 늘어나고 있다. 심지어는 딸만 하나 둔 경우도 그렇다. 이는 자녀교육에 대한 부모들의 경제적 부담이 예전보다 훨씬 커진 때문이기도 하지만, 무엇보다 자녀를 키우는 데 딸이 아들하고 굳이 다른 이유를 그 어디에서도 찾아볼 수 없기 때문이다. 때문에 요즘은 딸들이 부모를 모시거나 제주^{祭主}가 되기도 하고, 심지어는 호주제가 폐지되면서 자녀들이 어머니의 성을 따르는 일도 가능해졌다.

이제 신세대 며느리들은 착한 며느리로 길들여지는 것을 거부하고, 새로운 며느리의 이미지를 만들어 나가야만 한다. 부당한 대우에도 말 한마디 못하고 속 끓이던 시대는 지나갔다. 고부끼리 성공적으로 공존할 수 있는 새로운 라이프스타일을 창조해 내야만 한다. 그러기 위해서는 우선 나 자신부터 소중하게 여길 줄 아는 지혜가 필요하다. 자신을 소중하고 가치 있게 여기는 사람만이 남들 앞에서도 당당할 수 있다. 이렇게 남들 앞에 당당한 사람은 누구도 함부로 할 수 없다.

우리나라는 다른 문화권에 비해 긍정적이고 낙관적이기보다 분석적이고 비판적인 경향이 있다. 그러다보니 남들에 대한 나의 평가가 엄격해질 수밖에 없다. 나 자신에 대해서도 그리 후하지는 못하다. 아니 어쩌면 더 냉정할지도 모른다. 그래서 대부분의 사람들이 자신의 능력을 과소평가하는 경향이 있다. 드센 시어머니 앞에서 자꾸만 초라해져 가는 자신을 느낄 때마다 마음속으로 이렇게 외쳐보자.

고부관계의 심리학

나는 괜찮은 사람이다!
나는 친절과 존경으로 대접받을 만하다!
나는 특별하고 개성이 있다!
나는 문제를 해결할 수 있다!
나는 다른 사람에게 도움을 청할 수 있다!
나는 실수할 권리가 있고, 모든 사람은 실수를 저지른다!
나는 강하고 능력이 있다!
나는 지금 기분이 그다지 좋지 않지만, 곧 나아질 것이다!

나는 나를 관리할 수 있다!

나는 용감하고 용기가 있다!

나는 겁내지 않는다!

나는 나를 믿는다!

저자 소개

박정희

경희대학교에서 가족학으로 박사학위를 취득하고, 한국가족상담교육연구소와 숭의여
자대학을 거쳐 현재 이레아동가족상담연구소 소장으로 활동 중이다. 경희대, 서울여
대, 상명대 등에서 강의를 하고 있으며, 가족관계, 아동가족 평가, 부모-자녀관계 등에
관한 다수의 논문을 발표하였다. 주요 저서로는 『새로운 가족학』『노인상담론』『여자
가 다시 쓰는 결혼이야기』『가족치료 슈퍼비전의 이론과 실제』 등이 있다. 가족에 긍
정적인 영향을 미칠 수 있는 다양한 접근을 시도하고 있으며, 현재 가족치료 전문가로
활동하고 있다.

고부관계의 심리학

2008년 1월 15일 1판 1쇄 발행
2014년 2월 20일 1판 3쇄 발행

지은이 | 박정희
펴낸이 | 김진환
펴낸곳 | **학지사**

121-837 서울시 마포구 서교동 352-29 마인드월드빌딩 5층

대표전화_ 02-330-5114   팩스_ 02-324-2345

등 록 | 1992년 2월 19일 제2-1329호

홈페이지 | www.hakjisa.co.kr

ISBN 978-89-5891-594-2 03180

가격 9,000원